我们是怎样让孩子失去

七堂危险课

The Learning Game

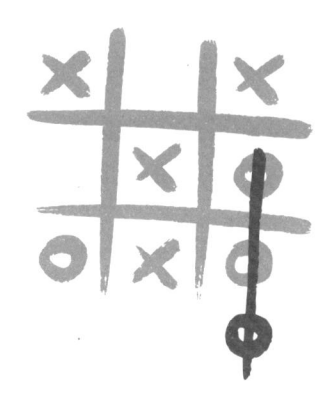

Ana Lorena Fábrega
[巴拿马] 安娜·洛雷娜·法布雷加 著 高爽 译

中信出版集团 | 北京

图书在版编目（CIP）数据

七堂危险课：我们是怎样让孩子失去学习热情的 /（巴拿马）安娜·洛雷娜·法布雷加著；高爽译. -- 北京：中信出版社, 2024.6
书名原文：The Learning Game: Teaching Kids to Think for Themselves, Embrace Challenge, and Love Learning
ISBN 978-7-5217-6503-8

Ⅰ.①七… Ⅱ.①安…②高… Ⅲ.①教育研究 Ⅳ.①G40-03

中国国家版本馆 CIP 数据核字（2024）第 075267 号

The Learning Game: Teaching Kids to Think for Themselves, Embrace Challenge, and Love Learning
Copyright © Ana Lorena Fábrega, 2023
Originally published in the UK by Harriman House Ltd in 2023, http://www.harriman-house.com.
This Simplified Chinese edition is published in arrangement with Gending Rights Agency, http://gending.online/.
Simplified Chinese translation copyright © 2024 by CITIC Press Corporation
ALL RIGHTS RESERVED
本书仅限中国大陆地区发行销售

七堂危险课——我们是怎样让孩子失去学习热情的
著者：　　［巴拿马］安娜·洛雷娜·法布雷加
译者：　　高爽
出版发行：中信出版集团股份有限公司
　　　　　（北京市朝阳区东三环北路 27 号嘉铭中心　邮编 100020）
承印者：　　北京启航东方印刷有限公司

开本：880mm×1230mm 1/32　印张：9　字数：163 千字
版次：2024 年 6 月第 1 版　　　印次：2024 年 6 月第 1 次印刷
京权图字：01-2024-0450　　　　书号：ISBN 978-7-5217-6503-8
定价：59.00 元

版权所有·侵权必究
如有印刷、装订问题，本公司负责调换。
服务热线：400-600-8099
投稿邮箱：author@citicpub.com

送给我的儿子费尔，
愿你永远都有一颗好奇之心。

赞 誉

家长对孩子都抱有相同的期望：我们希望他们善良、能干、善于合作、充满好奇心。而学校对学生的要求又是什么呢？是遵守规章制度，还是投入真正重要的事情？这本书提醒我们，如果我们只专注于遵从学校体系，会失去什么。我们知道，孩子不应该为了获得高分而每年花费上千小时埋头于一摞摞的作业本。安娜·洛雷娜对我们目前的教育方式进行了深刻的批判，并勾勒出了令人信服的学习愿景：协作、有意义、充满挑战和乐趣。

——乔舒亚·达恩（Synthesis 和 Ad Astra 联合创始人）

这是每位家长、纳税人以及所有关心我们的未来将如何发展之人的必读之书。安娜热切而富有洞察力的直觉判断正是我们前进道路上所需要的。

——塞斯·戈丁（Seth Godin），《意义之歌》（The Song of Significance）作者

安娜·洛雷娜的这本书深入浅出、引人入胜地论证了我们的教育体系是如何辜负学生,向他们灌输知识而不是教他们如何思考的。这本书也提供了切实可行的解决方案,告诉我们如何处理这些问题,如何培养下一代的创造力和参与感。

——安妮·杜克,畅销书作家,《对赌》和《放弃》(Quit)作者

这本书有说服力地提醒我们,要想让儿童教育符合21世纪的需求,我们还有很多东西需要学习、忘记、重新学习。每位家长和教育工作者都需要这本书。

——简·麦戈尼格尔博士,《纽约时报》畅销书作家,《想象力》(Imaginable)和《游戏改变世界》作者

简单而深刻。这是一本通俗易懂、充满乐趣的书,为教师、家长以及任何与孩子打交道、关心孩子教育的人提供了智慧和屡试不爽的方法。这本书讲述了如何帮助孩子们摆脱学校游戏的束缚,进入真正的学习游戏,即符合孩子们天性的伟大游戏。

——彼得·格雷,心理学和神经科学研究教授,《玩耍是最认真的学习》作者

每一位学龄儿童的家长都应该读一读这本书!《七堂危险课》充满了洞察力、惊喜和智慧,可以帮我们培养出更聪明、更快乐、适应能力更强的孩子。

——尼尔·埃亚尔,畅销书作家,《上瘾》和《不可打扰》作者

安娜·洛雷娜是一名教师。她从内部看到了教育体制的问题,并希望能修复它。

——巴拉吉·S.斯里尼瓦桑(Balaji S. Srinivasan),Coinbase(美国加密货币交易所)前首席技术官、畅销书作家,《网络状态》(*The Network State*)作者

有些教育工作者在重新思考如何彻底改变我们在教育孩子时使用的陈旧方法,那么,安娜·洛雷娜的新书《七堂危险课》应该成为他们的必读之书。孩子们是天生的学习者,但要帮助他们提高学习效率,我们需要让学习变得令人兴奋、充满乐趣,并且更注重如何思考,而不是思考什么。如果我们将孩子们与生俱来的好奇心、质疑能力、玩乐欲望与新的课程和教学方式结合起来,会怎样呢?我想结果会让我们大吃一惊。我强烈推荐这本书。

——吉姆·奥萧纳西(Jim O'Shaughnessy),奥萧纳西风险投资有限责任公司创始人兼首席执行官

安娜·洛雷娜提出了一种新的教育模式，将学习过程转变为一种真正引人入胜的充实体验。准备好彻底改变你的教育方式，激发孩子们对学习的终生热爱吧！

——阿姆贾德·马萨德（Amjad Masad），Replit（云开发平台）创始人兼首席执行官

我初为人父，发现自己花了很多时间思考我儿子的教育会是什么样子以及我们要如何以不同的方式为他创造比以往更好的体验。《七堂危险课》是对未来教育创新的精彩展望。有了安娜·洛雷娜这样的领路人，我希望未来会比过去更好！

——萨希尔·布鲁姆（Sahil Bloom），作家、投资人

在我与专业精英运动员和教练合作的职业生涯中，有一点是显而易见的：学习能力是一种竞争优势。如果你是一名家长、教师或教练，并且非常重视为孩子未来的成功做好准备，那么《七堂危险课》就是一本必读书。安娜·洛雷娜以实用、易读的方式提供了以证据为基础的心智模式和工具，将帮助你创造一个环境，培养孩子的创造力、批判性思维和独立思考能力。安娜·洛雷娜是一位教学大师，她能够将复杂的概念简单化，让读者很容易理解，并立即将这些原则应用到孩子身上。

——贾斯汀·苏阿（Justin Su'a），美国职业棒球大联盟坦帕湾光芒队心理绩效主管

安娜·洛雷娜的想法就像一个温暖的拥抱，回应了我作为两个孩子的家长对学校教育的恐惧。通过她的建议和指明的前进方向，我感到自己被倾听，同时也获得了解放。这是一本充满希望的书，是我们孩子的希望，是未来的希望。这是一本有力量、有影响、有必要一读的书。

——**安库尔·瓦里库（Ankur Warikoo），企业家、作家**

在这本《七堂危险课》中，安娜·洛雷娜向我们传授了在学校应该学到但没有学到的知识。她将最新的研究成果与自己丰富的教学经验巧妙地结合在一起，让我们看到学校在多大程度上未能让孩子为将来的人生做好准备。书中还为家长们提供了实用的策略，让他们帮助孩子们更好地学习，获取更多的知识，并享受学习带来的乐趣。这是一本令人愉快的书，它把学习变成了一场让人欲罢不能的游戏。

——**波利娜·玛丽诺娃·庞普利亚诺（Polina Marinova Pompliano），《隐藏的天才》（Hidden Genius）作者**

目录

- 推荐序 / IX
- 自序 / XIII

第一部分　学校的问题

第一章　学校里的七堂危险课　/ 002

第二章　我们是如何走到这一步的？　/ 016

第三章　考试和奖励无法激励孩子　/ 027

第四章　需要重新学习的五件事　/ 044

第五章　学校游戏　/ 053

第二部分　孩子们应该如何学习

第六章　学会爱上学习　/ 060

第七章　把学习变成乐趣　/ 073

第八章　合理地使用记忆　/ 081

第九章　打破学习方式的神话　/ 089

第十章　用困惑点亮好奇心　/ 097

第三部分　利用游戏的力量

第十一章　根据游戏原则设计学习体验　/ 108

第十二章　健康游戏心理学　/ 127

第四部分　如何培养成功的孩子

第十三章　和孩子一起承担后果　/ 140

第十四章　培养孩子的反脆弱能力　/ 151

第十五章　像斯多葛学派那样培养孩子的品格　/ 158

第十六章　知识的广度与深度　/ 166

第十七章　失败与放弃的艺术　/ 177

第五部分　如何成为模范父母

第十八章　父母的心理模型　/ 192

第十九章　给孩子的三种思维工具　/ 205

第六部分　设计你的学习游戏

- 教学资源　　　　　　/ 227
- 图书推荐　　　　　　/ 233
- 后记　　　　　　　　/ 249
- 致谢　　　　　　　　/ 253
- 注释　　　　　　　　/ 255

推荐序

从见到安娜的那一刻起,我就知道她注定会成就一番事业。之所以有这样的预见,或许是因为看到了她对教学事业的热情,或许是因为感受到了她对自我学习的热情,又或许,只是因为她对教育的清晰认识让我惊叹不已。

我认识她的时候,她还没有写过什么东西。她曾是一名郁郁不得志的教师,因为她和她的学生都不太适应教育体制,刚离开课堂教学岗位。

我们从相遇那天起就有了共识。我的职业生涯和安娜类似,也致力于改善大家的学习方式。我们俩都受够了这种只是为了制造温顺、听话的学生而设计的教育体制。我们认为,学校应该培养出充满好奇心的终身学习者。太多的孩子热爱学习,却讨厌学校——是时候改变这种状况了。

那时候安娜是我的学生。我开设的"文章写作"课程激发了她的写作灵感,让她开始坚持写作并发表文章。她的推文在网上疯传,她的读者数量激增,我由此看到,人们是多么迫切地希望撼动学校系统,推陈出新。追随安娜,是对未来教育的一次窥探。她为我们的子孙后代描绘了一幅未来的教育地图。

安娜以其数字原生的方式脱颖而出。安娜的文章之所以新颖,是因为她整合了一系列新思想。除了从经典教育理论中汲取营养,她还融入了游戏、投资和创业等领域的理念。她摆脱了体制的束缚。她并不排斥技术,而是拥抱技术。她不会瞧不起孩子,而是尊重他们。她以独特的魅力开辟了自己的道路,吸引了来自世界各地的家长和教师们。

除了近十年的亲身教学经验外,她小时候还在七个不同国家的十所学校就读过。这种多元化的经历使她的思想具有独创性。

作为一名作家,安娜也与众不同。我读到的很多关于教育的文章都很枯燥,过于知识化,但安娜的文章很独特——充满活力,富有想象力,且浓缩了她数十年的经验。

安娜对学生的影响很大。她的学生非常崇拜她,甚至有19名学生出现在她的婚礼上,给她制造惊喜。当安娜和我为孩子们举办教育夏令营时,一位家长给我们发来电子邮件,说她女儿的抑郁症已经减轻了,因为她从安娜的教学中得到了极大的鼓舞。

还有，安娜特立独行，却富有成效。当其他老师都在为标准化考试做准备时，安娜却有勇气站出来反对，开设自己的课程（然而，她所教班级的数学和阅读成绩均名列前茅）。

这个世界需要《七堂危险课》这样的书。我们的学校是工业时代的遗物，崇尚服从而非好奇。在"学习"的名义下，学校成了一台压制好奇心的机器。尽管人类在科学技术和学习科学方面取得了进步，但今天的学校看起来与100年前基本一样。太多的学生没有激情，没有动力，没有参与感。

安娜在本书中提出了一些解决教育问题的非常规方案。面对学生成绩优秀就会被给予奖励的环境，安娜勇敢地说"不"。当其他课堂上的孩子被狭隘地局限于教学大纲时，安娜让她的学生自由发挥好奇心，自己开展项目。她还通过引人入胜的故事进行教学，而不是全凭乏味的事实、数字和公式。

本书的出版正值一个学习的转折点。互联网和高速运算的兴起是教育史上最美好的事情之一。

正如安娜所言，互联网让孩子们的自学成为可能。是时候改变"一刀切"的教育体制了。在我们这个信息丰富的世界里，限制学习的因素只有好奇心不足。我们必须教会孩子自学。

这本书写给想要推动改变的学校、渴望爱上学习的学生以及对孩子的选择感到茫然的家长。这本书让我们窥见，如果我们有决心去建立一个摒弃过往、适应现世的教育系统，教育可能会是什么样子。

戴维·佩雷尔[①]

2023 年 9 月

[①] 戴维·佩雷尔（David Perell），知名作家、演讲家和在线教育者，在数学领域拥有较高影响力，吸引了许多追随者和学生。——编者注

自序

我是一名教师，
我喜欢这个职业，但我辞职了

我在成长的过程中，曾在巴拿马、哥伦比亚、委内瑞拉、印度、墨西哥、巴西和美国这七个国家的十所学校中就读过。

我要不断适应新的语言、文化和社会规范。此外，我上的每所学校还各不相同——国际学校、本地学校、公立学校、私立学校、世俗学校、宗教学校……

我经常搬家，有时还要在学年中间搬家。有时我不得不留级，因为赶不上报到的时间，或者因为我还没能掌握新的语言。

作为一个孩子，我要接受的东西太多了。我一直是学校里"新来的女孩"。现在回想起来，尽管学习生涯充满了变化，但幸运的是，我一直适应得很好。

我的父母说，这是因为我是个非常善于社交、品貌兼优的孩子。是的，我的性格帮助我交到了朋友，让一切变得更容易了。不过，性格并不是我总能适应新的学习环境和满足不同期待的根本原因。

我之所以能适应，是因为我懂得如何玩转"学校"这个游戏。

在学校游戏中，成功的关键是取悦老师、取得好成绩并升入下一个年级。只要你遵守秩序，服从和遵守规则，你就赢了。

坐好、保持安静、假装专心听讲、积极举手发言、听话、不质疑、按时间表上课、完成作业，这些事我都很擅长。但学校游戏对我的学习没有帮助。事实上，我很快就意识到，在学校里更多的是模仿学习。

对我来说，真正的学习发生在我好奇探索事物和发挥创造力的时候。这些过程发生在课堂之外：我会编排小品和舞蹈，发明自己的棋盘游戏，为洋娃娃设计婚纱，把游戏室变成博物馆，搭建堡垒，做泥巴馅饼，在自然漫步中寻找几何图案，解开自己的谜团，然后把这一切写到日记里。

> 我之所以能适应，是因为我懂得如何玩转"学校"这个游戏。

我将这些活动视为我的学习游戏。

学校游戏是我在教室里做的事，而学习游戏是我在课外做的事。课外才是我真正学习的地方。我想，只要能在校游戏中取得成功，我就可以在课外时间里做我真正想做的事了。

我一次又一次地参与学校游戏，直到高中毕业。我很擅长这个游戏，但并不喜欢它。

我喜欢的是学习本身。我充满好奇心，可以就自己的想法滔滔不绝地讲上几个小时。投入自己的项目让我活力满满，我可以很自然地解释事物并吸引人们的注意力。

因此，高中毕业后，我决定成为一名教育工作者，与他人分享我对学习的热情。

我在纽约五所不同的学校做学生教师[①]的时候，获得了儿童教育学、特殊教育学和心理学的学位。我在课堂上遇到了数百个不同年龄、不同背景的孩子，并逐渐意识到：无论在哪所学校，学生们都被要求坐好、保持安静、专心听讲、积极举手发言、按要求做、不要问为什么。

这些学生也在玩学校游戏。我了解这种游戏，我自己就是这方面的专家！但我从未想过，这种游戏竟然如此普遍。

这让我看到了教育的症结所在。孩子们被困在学校游戏中，只会模仿老师，而不会独立思考，犯错会被扣分但并不能从中学习，在框内涂色但不会跳出框架去思考，总是等待

---

① 原文为 student-taught，指的是学生在实验课堂中进行的教学实践，是培训的一部分，通常在经验丰富的老师的监督下完成。——编辑注

指令而非自己想办法。

我意识到，如果我们想让孩子真正学到知识，就不能让他们沉浸在学校游戏中。于是，当我做老师后，我试着用不同的方式来上课。在某种程度上，我做到了。

> 孩子们被困在学校游戏中，只会模仿老师，而不会独立思考。

我想创造一个以学生为中心的环境，让他们乐意每天来上学。即使偏离学校的规定，我也会鼓励学生寻找自己的兴趣，探索自己的激情。我努力做到灵活多变，为学生提供各种选择，让他们感到有能力掌控自己的学习。我鼓励他们质疑一切："谁说的？""反驳的理由是什么？""有没有某些方面被忽略了？""有人能证明这是错的吗？"要回答这些问题，他们都要自己想办法。

最重要的是，我努力向学生传播对学习的热爱。我知道，如果我成功了，他们的学业和生活也会随之成功。我希望我的学生能在今后的生活中继续保持对学习的热情。

但出乎意料的是，随着学生们升入下一个年级，他们对学习的兴趣越来越淡，逐渐忘记了学习的乐趣。许多学生不再冒险，不再提问，还有一些学生开始害怕他们曾经喜欢的事情，比如阅读和写作。他们不再玩学习游戏，而是被拽回到学校游戏中。这似乎是普遍趋势，即使是那些优质初高中里的学生也不例外。

自序

为什么我的学生会对学习失去兴趣呢?

孩子小时候的好奇心都很强,内在的学习欲望都很足。然而,随着年龄的增长,进入学校后,学习变成了他们被迫的行为。他们无法选择学习科目、学习进度或上课方式,几乎没有任何探索的余地。个别教师试图改变这种情况,给学生创造探索的机会,但于事无补。

我开始质疑我们的教育系统以及我在其中扮演的角色。

如果教师被迫教授一种"一刀切"的课程,只根据分数和标准奖励学生,而不鼓励他们创造和选择,那又如何培养学生对学习的热爱,并让这种热爱永存呢?

于是,我在教书多年后做出了一个艰难的决定:离开学校。我觉得,一定会有更好的教学方式……

我提出了一系列新的问题:

- 我们如何才能将学校游戏转变为学习游戏?
- 我们如何让人在童年时和成年后都持续学习?
- 我们怎样才能从根本上激发孩子的学习兴趣?
- 要想让孩子在学习和生活中取得成功,我们应该如何提供他们所需的工具?

撰写《七堂危险课》是我回答这些问题的一次尝试。这本书汇集了我的经验、教训和发现。我在书中讲述了如何

> 孩子小时候的好奇心都很强,内在的学习欲望都很足。然而,随着年龄的增长,进入学校后,学习变成了他们被迫的行为。

挑战看似理所当然的事情——从教育系统的根源到现代学校课程。

但这不仅仅是一本关于学校的书。更重要的，这是一本关于*孩子*的书。

孩子是未来的发明者和探索者。我们有责任反复质疑他们的学习环境是否能让他们充分发挥潜能，纠正他们的学习轨迹。

我的目标并不是说服你明天就让孩子离开学校。我只是想让你认识到，为什么传统的学校教育不再能满足当今孩子的需求。

我们需要帮助孩子摆脱学校游戏。他们应该玩一种更好、更重要的游戏，一种与他们以及这个不断变化的世界息息相关的游戏，一种由我们和他们共同设计的游戏。这就是本书的主题。

你可以按照自己习惯的方式阅读本书。这本书很薄，适合阅读速度快的读者一口气读完，但你也可以每天读一章。当然，你还可以先浏览一下目录，然后挑选你最感兴趣的内容单独阅读。

首先，在前几章中，我探讨了当今学校的教育方式，并将其与孩子真正能学到东西的方式进行了对比。

接着，我从游戏的角度重新介绍了教育，并分享了可以在家里使用的实用策略。

然后，我介绍了一些心理模型和工具，帮助家长在孩子的学习之旅中做出决策。

最后，"设计你的学习游戏"这一部分总结了书中所有的要点。

> 孩子是未来的发明者和探索者，我们有责任纠正他们的学习轨迹。

作为额外的补充，我还为那些考虑新的选择（但不打算离开学校）的人提供了实用的资源以及有启发性的阅读书目。

请将这本书视为工具包，而不是普通的读本。你可以把这些内容切片、切块、参考、回味，和孩子一起设计他们自己的学习游戏。

我希望这本书能给你带来信心：质疑别人告诉你的学习方法的信心；抛弃一直认为理所当然的理念，重新思考教育的信心；尝试新的策略、技巧和方法的信心；探索新奇想法的信心；找到适合自己并让孩子为之眼前一亮的方法的信心。

现在，让我们开始深入探讨学习游戏吧！

第一部分

学校的问题

第 一 章

学校里的
七堂危险课

约翰·泰勒·盖托是纽约市学校系统内的一位备受赞誉的教育家,多次被评为年度优秀教师。1991 年,当盖托连续第三次获奖时,他为《华尔街日报》撰写了一篇文章。你可能以为他会写下一长串对教育行业的感谢,或是谈论公共教育的重要性,然而,他是这样开篇的:

> 我在公立学校教了 26 年书,但我再也不能这样下去了。多年来,我一直要求当地的学校董事会和校长让我教授不会伤害孩子的课程,但他们一直没有回应,所以我要辞职。[1]

这一消息震动了许多人。纽约市最有影响力的教育家不仅要退出教育体系,还发文谴责?

几个月后,盖托还出版了《降智——义务教育的隐藏课程》(*Dumbing Us Down: The Hidden Curriculum of Compulsory Schooling*) [2] 一书。他在这本书中描述了限制教师的教学内容所带来的问题。

盖托是杰出的教育家,他非常关心学生以及他们的学习情况。但是，他也第一个指出，我们的教育体系对孩子的伤害大过帮助。关于传统教学方法的错误走向，盖托有非常深刻的体会。

在《降智——义务教育的隐藏课程》中，盖托概述了教育体系要求教育工作者教授学生的七堂"危险课"。我在本章中将通过这些课程来剖析教育体系的现状。我还将讨论如何重塑教学方法，并对此提出自己的见解。

接下来，让我们逐一解读这些经验教训。

第 1 课 孤立教学

学校课程的逐一排序导致孩子们不得不孤立地学习每门科目。盖托说：

> 我教的一切都是脱离情境、断章取义的，内容之间彼此没有关联。我教的东西太多了：行星轨道、大数定律、奴隶制、形容词、建筑制图、舞蹈、体育、合唱、消防演习、计算机语言……我还要负责家长之夜，参加员工发展日，设计抽离式课程[1]，与可能只跟我的学

---

[1] 抽离式课程（pull-out program），即天赋更高的孩子在普通班中随班就读之外所接受的知识扩展教育。——编者注

生接触一次的人一起指导，应对标准化考试，承受与外部世界完全不同的年龄隔离……这些事情之间到底有什么关联呢？ [3]

学校的课程无法帮助孩子们建立起对真实世界运作方式的连贯认识。学生们学习三角学，却很少有机会动手制作三角形的东西。他们缺少在实践中理解问题的机会，比如在设计房子时理解"斜边"的应用。所以，孩子们会对事物的组合方式感到困惑。

如果我们不孤立地教授这么多内容，而是结合实际情况教学，会怎么样？当孩子们利用概念构建相关项目或解决实际问题时，他们对概念内化的效果最好。

在情境中获得的工具在现实世界中要有用得多。

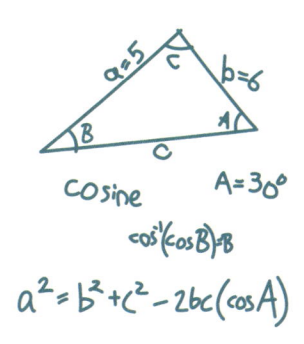

理论化学习……　　　……在情境中学习

如果我们想创建网站，我们就会使用代码；我们要做预算，就会用到数学；我们想写下自己喜欢的话题，就会温习语文……而如果没有目标和情境，学习就会变得枯燥乏味，毫无意义。

第 2 课 固化位置

学校执着于让每个孩子都有一个固定的位置。盖托写道：

> 我要教孩子们，他们必须待在所属的班级里。我不知道是谁决定我的学生属于哪个班级的，但这件事不由我做主。孩子们都有学号，这样有孩子走散了，就可以被送回正确的班级。多年来，学校给孩子们编号的方式越来越多样，孩子们被各种数字裹挟，都要看不清他们本来的模样了。[4]

孩子们学会了待在他们被安排的地方。学校对待孩子的方式就好像他们都以同样的速度变成熟，都应该符合模范学生的标准模式。学生、老师、每周之星和毕业生代表……学校给每个人都划定了明确的框框，让每个人的位置一目了然。孩子们被鼓励去竞争、追求名次、取悦大人，而不是一起学习与合作。

然而，如果我们给孩子自由，让他们自己定义成功，又会怎么样呢？

每个孩子都是不一样的。他们有各自不同的天赋、奋斗目标和兴趣，也有为世界做出贡献的独特方式。如果我们鼓励他们合作，而不是让他们为了名次而竞争，他们就会懂得，真正的成功来自大家共同的努力。学生们将拥有发现自己独特之处所需的空间，从而在同龄人和其他社会成员面前展示出最好的自己。

第 3 课 反复切换

学校教导孩子们不要在任何一个主题上过分投入。盖托说：

> 虽然孩子们总想表现得很投入，但我会教他们不要太在意任何事。我做到这一点的方式非常微妙。我要求他们全身心参与我的课程，踊跃地回答问题，努力赢得我的赞扬。看到他们这样做，不仅是我，每个人都会很感动。状态好的时候，我会非常认真地备课，好让学生们热情参与。但下课铃一响，我就让他们放下手头正在做的任何事情，迅速前往下一站。他们必须像电灯开关一样反复切换。[5]

一堂课、一个课时或一个单元结束后，学生就要停止学习该科目。无论他们有多喜欢这门课，都必须继续学习下一项内容。我记得，有一次我好不容易才让三年级的学生对诗歌产生兴趣，但紧接着又不得不让他们停止学习诗歌，继续上下一节课。他们刚刚产生一点兴趣，就被迫中断，这样又如何真正关心某个话题呢？

> 当孩子们利用概念构建相关项目或解决实际问题时，他们对概念内化的效果最好。

学生被当作电脑，我们命令他们做什么，他们就得把注意力放到什么地方。这既缺乏人性，又令人沮丧，而且极大地降低了他们的学习效率。

你可能会想：情境切换和多任务处理难道不是现实世界中的一项宝贵技能吗？但是，我很难找到任何研究支持这一点。恰恰相反，有研究表明，当我们专注于某一件事时，会更高效、更高产。[6]

仔细想想现实生活中的经历，其实也是这样的。与在社交媒体上滚动浏览一连串互不相关的简短话题相比，阅读一本书更能让你对某一主题进行深入的了解。在生活中，人们会因为对自己热衷的事物的极度专注而得到丰厚的回报。而那些经常从一个话题跳到另一个话题的人，是无法深入研究社会需要他们解决的问题的。

我们应该让孩子们追随他们自己的兴趣，钻研能令他们感到兴奋的学科,这样才能更好地帮助他们为成年后的成功做好准备。

第 4 课 教导情绪

学校学习中,总是由老师告诉孩子们应该如何去感受。正如盖托所说:"通过用红笔打钩打叉、微笑和皱眉、鼓励发奖品和批评教导,我让孩子们学会了服从指挥,而不再具有自由的意志。"[7]

传统课堂会让每个学生感受到老师希望他们感受到的情绪。教师的肢体语言是最有力的工具之一,可以传达出热情欢迎或是严厉冷漠的态度。老师要是想让学生感到羞愧,就会教导学生感到羞愧;老师要是想让学生感到自豪,就会教导学生感到自豪。学生被剥夺了真实感受的权利。他们被迫照搬别人的情绪,是无法学会调节和管理自己的情绪,建立复原力的。试想,如果我们鼓励孩子拥抱和排解他们自己的情绪,会怎么样呢?

> 我们应该让孩子们追随他们自己的兴趣，钻研能令他们感到兴奋的学科。

第 5 课 限制思考

学校剥夺了孩子们独立思考和拓展自己观点的机会。盖托很好地阐述了这个问题:"好学生会等待老师告诉他们该怎么做。这是最危险的一课——我们必须等待比我们更加训练有素的人来决定我们生活的意义。"[8]

在学校里,孩子们几乎没有发展自己想法的空间。他们的"智力表现"在于他们能否鹦鹉学舌般向老师复述他们在学校里接收的一切。如果孩子们按照自己的方式做事或提出尖锐的问题,他们就会被贴上"麻烦制造者"的标签。

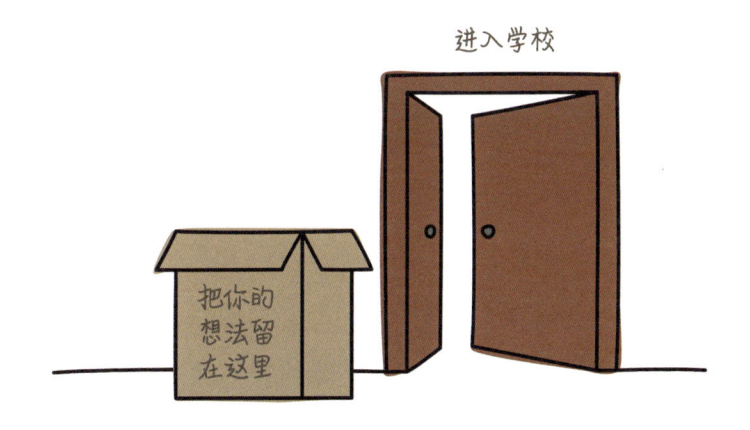

然而，服从权威并不能推动社会的进步，独立思考才可以。孩子们必须形成自己的观点，并通过实践来验证自己的想法。课堂上，我们应该让孩子们多练习发散思维，从不同寻常的新角度去解决问题。

第 6 课 权威评判

学校教导孩子们，他们的价值取决于权威人士对他们的评价。盖托写道：

> 如果自信的人太多，我们的世界将无法存在太久，所以我教导学生们，他们的自尊应该取决于专家的意见。我的学生们经常会被评估和评判。每个月学校都会给家长们寄报告，并让他们用精确的数值来表达自己对孩子是否满意。[9]

学校会引导家长不要相信他们自己的判断。有证书的教育工作者会让家长觉得，他们自己并不具备专业知识。在严格的学校标准之下，教师成了孩子价值的评判者，总是会去寻找孩子身上一个又一个的缺点。然而，如果我们教孩子培养内在的衡量标准，训练他们成为自己的船长、自己生活的首席执行官，又会怎么样呢？毕竟，他们要对自己的选择、学习、行为和一生的成就负最终责任。

我们在不同时期遇到的权威人士不一样，他们的意见也不一样。我们的自我评价才是最终的评价。教学的目标应该是帮助学生形成这种内在标准，并让他们根据这种标准来做出正确的决定。

第 7 课 全方位监视

学校总是将孩子们置于权威人士的监视之下。盖托说：

> 学生们总是被我和我的同事监视着。他们没有私人空间，也没有自己的时间。课间只有 5 分钟，以防他们随意交友。学校鼓励学生互相告密，甚至告自己父母的密。[10]

孩子们没有隐私，也没有什么权利。他们的父母被误导认为，自主是一件坏事，是叛逆的种子，会影响孩子的正常发展。然而，如果让孩子尝尝成年人自由的滋味，又会怎么样呢？难道我们不应该让他们在成长的过程中有越来越多的机会自己做事吗？

他们需要独处的时间，需要发挥创意的机会，需要尝试、失败、再尝试。试验对学习至关重要。如果我们总是对孩子进行全方位监视，那他们怎么会有信心去尝试新事物呢？

盖托并非认为每个孩子都会遇到这些问题，也不是说所有老师都会掉进这些陷阱。他只是想让我们睁大眼睛看一看，我们苦心经营的学校体系会有哪些有害的副产品。

> 如果我们鼓励他们合作，而不是让他们为了名次而竞争，他们就会懂得，真正的成功来自大家共同的努力。

教师们充满热情、爱岗敬业、辛勤工作，是我们的盟友，本不应受到指责，但是，学校的激励机制让他们走到了错误的方向上。无论他们如何努力抵抗，这种制度都会让他们付出代价，被迫养成对学生不利的习惯。

当我还是一名教师时，我就感受到了这种不健康制度的力量。我知道我并不孤单，因为我认识的大多数教师也有同感。多年来，我目睹了这种体制是如何抵制变革的。这就是我离开传统学校，探索其他选择的原因。

学校体系之所以千疮百孔，部分是因为大多数学校使用同样的框架，上同样危险的课。于是，这种模式中的每一个缺陷都会影响到全球几乎所有的孩子。

除了全日制学校，这种模式在成人教育和企业培训中也很常见，且同样有害。从某种意义上而言，这七堂危险课已经渗透进我们的学习理念中，让我们相信，除非教室里有人明确告诉我们该怎么做，否则我们就无法学到东西。

在后面的章节中，我将提供一种不同的视角，探索一些能让我们获取新知识和新技能的更好的方式。我还将介绍一些技巧，让学习变得不再枯燥乏味、令人泄气，而是富有创造性和挑战性、令人兴奋。

但在此之前，我们需要更深入地探究一下，教育是*如何*以及*为何*出错的。换句话说，我们需要问自己一个问题：我们是如何走到今天这一步的？

第 二 章

我们是如何
走到这一步的？

看着自己教的第一届学生长大，我开始意识到学校的问题。我曾经希望他们越长大越享受教育的乐趣，但当他们离开我的课堂，一个年级、一个年级地往上升时，他们眼中渴望学习的光芒却逐渐暗淡下来。他们不再关心这个世界，学习成了他们的例行公事。

到底哪里出问题了？

盖托帮我厘清了学校存在的问题，但我仍然百思不得其解：我们如何才能终结这样的体制？它是从哪儿来的？

我开始研究教育史，并对自己的发现感到很惊讶：我们在教育领域遭遇的挑战早有根源。

普鲁士教育史

教育曾经是父母、家庭教师和教会的工作，但在大约200年前，普鲁士政府开始改变教育的传统。[1]当时的执政者决定，他们要为孩子们的教育担负责任。普鲁士刚刚承受了巨大的损失——拿破仑军队大败普鲁士，侵占了普鲁士大量的土地。因此，普鲁士决定建立一支由受过教育的、忠诚的士兵组成的军队。他们再也不想经历那样的失败了。

普鲁士政府设计了我们现代学校体系的基础，包括特定的校舍、有资质的教师、标准的课程、学年制度以及强制入学制度。普鲁士教育体系的目标是训练一代忠诚的、有文化的公民，让他们准备参战。

他们推崇"学术自由"，但这仅限于为国家服务。就像哲学家约翰·戈特利布·费希特所说的："在未来统一的德意志国家框架内，应使公民能够并且愿意用自己的思想来实现更高的目标。"[2]

这个体系很奏效。普鲁士建成了当时世界上最强大的战斗力量之一。他们的教育模式像野火一样燃遍全世界，为我们今

教育时间线

教育初期 ← | 引入普鲁士教育体系 ↓ | 教育现状 ←

父母、家庭教师和教会的义务　　政府和当代学校体系的义务

天所熟知的学校体系奠定了基础。[3]

当时，普鲁士教育模式产生了很好的效果，比如公民识字率极速攀升[4]，但这个模式的缺点也很明显：它披着教育的外衣，目的却是进行思想灌输。这个体系是为了打造出忠诚的军队而设计的，国家想要培养的是能够打胜仗的人，而不是能够独立思考的公民。

美国教育史

到了 20 世纪 50 年代，全世界的政府领导人都看到了教育对国家建设的重大意义。建立忠诚的军队仍然是政府推动教育的主要因素，不过，第二次世界大战还揭示了国家生产能力的重要性。美国之所以能在第二次世界大战中占据统治地位，是因为它的工厂和流水线能比其他国家建造更多的舰船、坦克、枪炮和炸弹。[5] 于是，学校的目标又从训练士兵变成了训练工人和经理。

培养大量受过教育的经理的最佳途径是什么？把他们也放在流水线上。既然工厂模式能应用于多种产品——食品、汽

> 设计这个教育体系并不是为了培养能够独立思考的公民。

车、服装、子弹等等,那它为什么不能应用于教育呢?

所以说,美国领导了教育史上的第二次重大变革,而这场变革的主题是标准化和提高效率。[6]

学校按照年龄将孩子们划分好年级之后,把他们全部放在相同的课程体系中,并为每门课程雇用特定的教师。铃声一响,大家从一堂课转移到另一堂课。延长上课的时间,最大可能地增加产出,同时,少聊天,少玩耍,不要浪费时间——谁不适应这种氛围,谁就是"残次品"。

这种模式在20世纪60年代获得了全面的发展,我们开始采用现代的标准化考试来评估学生。[7]这些考试是可以量化控制的,与工厂里检查一辆汽车是否合格的原理类似。考试不仅是学校负责任的体现,还能增加管理者的信心,让他们相信这个体制真的管用。

然而,在美国,很难找到现代学校体系带来的好处。过去50多年里,标准化考试的分数只是略有提高。[8]原本以为,让学校这样培养高效率的工厂经理能够提升一个国家的生产力和人们的生活水平,但实际上,20世纪70年代以来,这个国家的增长率是有所下降的。[9]

今天,超过一半的美国人的阅读能力达不到六年级水平。[10]人们对公立学校的信心已经跌至历史最低点,还不如对政府和大型企业的信心。[11] 我们熟知的一些创新者，包括比尔·盖茨、史蒂夫·乔布斯、马克·扎克伯格、奥普拉·温弗瑞和埃隆·马斯克，都从学校退学了。他们的故事之所以充满力量，是因为它们暴露了每个学生都能感觉到的问题：学校的存在还有什么意义？

乐高套装式学习

纵观教育史，我们可以看到，教育体系优先考虑的是国家和政府的需要，而不是个人的学习成长。那么，这种体系最核心的缺陷是什么呢？我们可以用乐高玩具做个类比，来说明教育的主要问题。

曾经的乐高玩具是各种颜色和尺寸的积木装在一个大盒子里，不附带任何说明书。这些积木可以搭建成村庄、机器人、恐龙等等。孩子们可以随意搭建任何想要的东西，并且一切全靠他们自己。

而为了刺激销售，乐高公司决定尝试另一种方式，即销售乐高套装。[12] 套装乐高带有说明书和最终成果的图片，这些成果可能是一束花、一间哈利·波特的教室或者一个变形金刚。

家长们疯狂地购买这些套装。这些套装每年在全世界卖出超过2.2亿套。[13] 但问题也随之出现：套装玩具剥夺了孩子们自己解决问题的机会。[14]

认知科学家德里克·卡布雷拉指出，设计乐高套装玩具的成年人才是会解决问题的人，而孩子们最终只会模仿包装盒上的图片机械地搭建。[15] 不可否认的是，拼搭乐高的成果看起来很棒（而且能让父母感到骄傲），但乐高套装只是教孩子遵循使用说明书，没有给他们留出什么独立思考的空间。

> 我们过度指导学习的每一步，这样会限制孩子们发挥创意。

我们的教育体系的局限性也正在于此。正如作家和企业家塞斯·戈丁所说："乐高套装只是一个小问题，但它反映出，我们的整个体系出现了严重的问题。"[16] 我们总想帮孩子们解决问题，让他们过度依赖我们。教师和管理者过度设计教案和课程，而学生被要求遵照指令和公式去做。设计教案的成年人确实在解决问题，但孩子最终会觉得无聊和反感。

我们明确规定了最终的作业应该是什么样子，这样会低估学生们深入思考的能力。我们过度指导学习的每一步，这样会限制孩子们发挥创意。最重要的是，我们的过度参与会导致孩子们缺少足够的能力，无法处理他们成年后将要面对的困难以及没有标准答案的问题。

我们的教育体制是以教学为核心进行设计的，而这种学习方式存在很多严重的问题，并非最优选。

第一，孩子们没有太多机会进行弹性思考。弹性思考指的是，我们让思维在问题中游荡，探索看待问题的新角度。这种思考方式对于获得新的发现和找到创造性的解决方案至关重要。然而，如果我们直接指导孩子如何去做，我们就剥夺了他们学会触类旁通的机会。

第二，孩子们在学习过程中体会不到兴奋感。我们给孩子们提供具体的指导，相当于扼杀了他们的好奇心。一切问题都已经为他们解决好了，他们不会有自我探索的兴奋感，也没有机会发挥创造力，学习动力会逐渐减少。

第三，孩子们的自尊心会降低。孩子们开始相信，他们需要指导才有可能解决问题。他们不觉得自己有权探索新的领域或者直面挑战、战胜困难。久而久之，他们会失去自我价值感。他们会越来越害怕失败，不敢独立做事。

指导可以促进短期表现。当孩子们严格遵守所有科目的指导时，他们可能会得到更好的分数。但这么做的代价是什么？孩子们获得了高分，但丢了创意思维、学习动力和自我价值感，这真的值得吗？

> 我们要相信，孩子本身具有解决问题的能力。他们可能一开始会感到困扰和不确定，但这是好事。一定要鼓励他们打破常规，充分发挥自己的潜能。

非指导式学习

照本宣科的教案和按部就班的思维无法造就真正优秀的孩子。我们要回到设计乐高玩具的初心：提供一大盒积木块，然后走开，让孩子自由搭建。

我们要相信，孩子本身具有解决问题的能力。他们可能一开始会感到困扰和不确定，但这是好事。一定要鼓励他们打破常规，充分发挥自己的潜能。

如果成人能够停止过度指导，孩子就会开始创造性地独立思考。这时，如果我们要求孩子在学习中投入更多精力，

> 我们只需要提供一大盒积木块，然后走开，让孩子自由搭建。

他们一定能准备得更充分，做得更好。毕竟，生活没有说明书，往往杂乱无章又难以预料。要想让孩子为真实世界做好准备，就需要给他们的想象力腾出宽广的发挥空间。也就是说，拿走说明书，才能创造出解决问题的机会。

指导（说明书）

如我们所见，教育发展到现在，提供的还是以教学为中心的学习模式。教师需要按要求教学，而学生的工作只是简单地遵守指令，结果就是学生们完全丧失了学习兴趣。学校剥夺了孩子们自己解决问题以及享受那种快感的机会。

那么，对于孩子们兴趣的丧失，教育体系是如何回应的呢？这个体系制定了一种外部措施，用来激励或强迫学生参与其中。接下来，让我们来了解一下这种措施。

第三章

考试和奖励无法激励孩子

我们打着"负责"的旗号，做了太多没有意义的事。标准化考试本来是要检测学习效果，但实际上只测量了孩子们应对考试的能力。学校通过标准化考试的成绩进行竞争，而考试的结果与个人息息相关——如果学生成绩不好，老师可能会丢了工作。难怪这些考试已经成为每个学年中最重要的活动。

为了应对标准化考试，学校里发生了很多让人难以置信的事，比如，老师们放下一切去备考。这种体系鼓励老师不惜一切代价提高学生的成绩。试想一下这样做的后果。2015年，佐治亚州亚特兰大的11名教育工作者在多年作弊后被判有罪。[1]

当然，这是考试系统出错的极端例子。不过，考试的确正在助长一些不可忽视的不良行为。它们不那么引人注意，却普遍存在。考试导致老师们依赖短期奖励，而降低了学生的长期参与度。

我在这一章要讨论传统的标准化考试和学校经常用来提高考试成绩的外部激励的问题。同时我也会提出一些建议，帮助老师与家长更好地测评学生们的进步，激励学生们体验真实的学习过程。

● 标准化考试的起源

大约 100 年前，我们开始使用标准化的考试来衡量学生的进步和成就。科学家做了大量研究，以确保考试能测量出学生的智力、数学、阅读与写作的水平。[2] 过去几十年，标准化考试给孩子和父母提供了有用的信息。直至今天，标准化考试的成绩依然能反映出孩子们基本的学术水平和能力。

不过，从 20 世纪 60 年代开始，事情变得越来越不一样了。[3] 标准化考试开始在教育系统中占据越来越重要的地位。今天，这些考试的重要性又提升了一个层次。孩子们是留级还是进入重点班、能否获得奖学金或考上大学，全部基于标准化考试的分数。学生没考好的话，老师会丢掉工作，学校会失去经费。标准化考试不再只是一次测评，它已经成为我们教育体系的全部意义。

> 标准化考试唯一能测量的就是孩子们的应试能力。

坎贝尔定律告诉我们：如果把测量标准定为学习的目标，学习就会被破坏。[4] 学校已经成为受害者。

标准化考试的问题

标准化考试从多个方面导致了我们教育体系的衰退。

首先，标准化考试营造了糟糕的学习环境。 孩子们只有在遵循兴趣和激情的时候才学得最好。但今天的老师无法给他们这样的自由。考试难度甚至可能与孩子们所在的年级不符。孩子们花费一年中的大量时间准备考试，而不是投入真正的学习。

其次，考试可能会影响学生的精神健康。 考试焦虑真实存在。作为老师，我看到了无数的孩子因为考试咬指甲或者肚子疼得翻来覆去。考试焦虑影响了孩子们在学习中的表现，也降低了他们学习和挑战的兴趣。[5]

再次，考试不能真实反映孩子未来在真实世界中的成绩。 高分本该体现学生的学习才能，但实际上衡量的却是应试能力。孩子们想要在成年后取得成就，光靠这种应试技能明显不够。更重要的是，成绩平平也不意味着学生无法取得成功。演员斯嘉丽·约翰逊、总统比尔·克林顿和棒球运动员阿莱克斯·罗德里格兹都有着成功的职业生涯，但他们曾经都没能在标准化考试中拿到高分。为什么？因为真实世界奖励的是那些懂得如何学习、表达和解决问题的人，而不是那些善于考试的人。

最后，考试刺激了腐败机构的产生。 学校、学区甚至省市都曾出现过伪造考试结果的事，学生、父母、老师都有参与其中。更糟糕的是，有些学校为了提高平均分甚至会驱逐基础较弱的学生。将标准化考试置于神坛之上，会对所有相关人员产生不良的激励作用。[6] 总之，考试一旦成了终极目标，就会产生糟糕的激励效果。

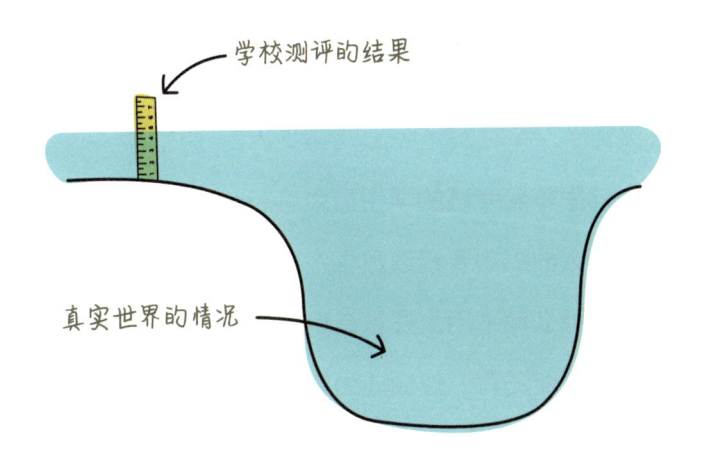

学校测评的结果

真实世界的情况

　　标准化考试让教育环境持续恶化，但解药并不是禁止测评。我们需要能够追踪学生学习进度的方法，并让学校为此负责，同时避免标准化考试的副作用。

探索更好的方法

如果解决方案是降低风险并开放选择，那会如何？

降低风险的意思是降低标准化考试的权重。孩子们在探索、思考和建造事物时才会经历真正的学习，他们会感到放松，不再担忧被评判。如果标准化考试的权重过高，就会阻碍真实学习的发生。是时候考虑降低考试的优先级了。

而开放选择的意思则是，拓宽我们的测评方法。正如一位校长所说：

> 坐在那里等着考试的学生当中可能有一位会成为艺术家，那么他不需要精通数学……可能有一位会成为企业家，那么他不用太在意有没有学好历史或者英国文学……可能还有一位会成为音乐家，那么，他的化学成绩并不重要。[7]

标准化考试几乎无法展现学生的真正潜能。学生们可以通过其他方式来展示自己的知识与技能。例如，在家上学的孩子可以向当地教育部门提交自己的作品集，可能包括艺术品、短篇故事、商业策划书等。试问，我们向孩子们提供这样的展示机会了吗？

归根结底，测评的目的应该是向孩子们提供反馈，以帮助他们改进自己。这意味着，我们的评估方式要与他们的天分和目标相匹配。将考试与多个维度相结合可能是一个值得探索的解决思路。

通过多种途径衡量学生的进步，这么做的价值在于，我们不需要激励孩子们去表现。让孩子们用适合自己风格的方式展示所学的知识，这就足够了。然而，如果是为了应付标准化考试，情况就不同了：为了通过一场考试，孩子们不得不死记硬背。他们会因此感到挫败，没有兴趣再去学习更多更有用的知识。这种激励措施对所有相关人员都没有好处，于是，有些老师开始对学生使用外部激励——这也很有问题。

我反对外部激励的做法，坚持不用，结果令人惊喜。

我在课堂中的激励方式

我在当老师的时候，每年都有一个相同的目标，就是让我的课堂可以自己运转起来。我不想让孩子们因为我在身边徘徊而无法投入地学习。我希望他们具备内驱力。

我的同事们都不知道我是怎么做到的。他们用尽了教科书里提到的课堂管理技巧。他们用装满奖品的宝箱鼓励表现良好的孩子。表现出色的孩子可以用兑换券换取好东西，用星星贴纸来换取额外的休息时间。但是不知道为什么，这些办法都不太管用。无论他们怎么尝试，在他们离开课堂之后，教室都会重新乱成一团。

而我拒绝使用这种激励方式。你不会在我的课堂上看到任何类似的事情。但是，我的学生仍然可以每天投入学习几个小时，深入钻研他们喜欢的科目。

我发现，长期来看，那种外部激励的方式会减少孩子们在学习上的投入。它可能会帮助孩子达成某些短期的学术成就或者行为上的目标，但也会让我们偏离培养自主的终身学习者这一终极目标。

外部激励的问题

外部激励广泛存在于教室和家庭里。*孩子听话的时候，我们就奖励孩子；如果他们不听话，我们就取消他们的特权。*

外部激励背后的逻辑很直观：被奖励的行为会被重复，被惩罚的行为会减少。大部分时候，这个逻辑可以起作用，而且反馈及时。被许诺了奖励的孩子通常会立刻改变自己的行为。

但是，这种方式存在一些问题。

首先，奖励不会永远管用。 我们可以许诺和给予的奖励额度其实很有限。一段时间之后，这些奖励就会变得重复和无聊。一旦奖励带来的短期利益消失了，孩子的动力就会消退。

> 如果让孩子养成做对事情就期待奖励的习惯，我们怎么能培养出自主的学习者呢？

其次，为了让孩子做某件事而许诺奖励，我们是在教孩子什么？ 我们实际上是在告诉孩子，他们应该更关心自己能得到什么，而不是享受学习过程本身。他们只是为了得到奖励或避免惩罚而做事，而不是真的想做。

如果让孩子养成做对事情就期待奖励的习惯，我们怎么能培养出自主的学习者呢？真正能激励孩子自主学习的关键是内驱力。

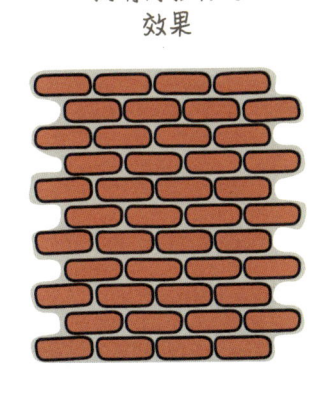

外部激励的效果

拥有内驱力的效果

如何激发内驱力

当我们具备内驱力的时候,我们会学得最好。作家丹尼尔·平克说:"表现优异的秘密不在于奖励或惩罚,而在于看不见的内驱力,这种力量让我们愿意为了自己而努力,是关键要素。"[8]

这对成人来说是真理,对孩子来说也一样。当孩子们被好奇心和探索欲驱动着参与活动的时候,他们会爱上学习。当孩子们理解自己所学和所做之事的价值的时候,他们就不会再在乎外在的奖励。

以下是我为了激发学生的内驱力所做的五件事,你也可以和你的学生一起尝试。

第一,给孩子选择的权利,让他们觉得自己负有责任。选择和责任能培养他们的责任感和目标感,让他们兴奋起来。

我会让学生自己选择学习内容和学习方式。即便只是很简单的选择,比如挑选要读哪本书、和谁合作、坐在哪儿,也会让他们感觉充满力量。我还发现,获得了选择权的孩子更有可能在放学之后继续学习,而这是自主学习者的重要特征。

我还会给学生分配特定的教室职责,帮他们感受责任。我

> 当孩子们被好奇心和探索欲驱动着参与活动的时候,他们会爱上学习。

会根据他们的个性和兴趣来安排。例如，坐不住的学生负责在教室里跑腿儿，最容易调皮捣蛋的学生来做我的助教。

就这样，魔法起作用了。坐不住的学生能够在跑腿儿工作中释放精力，而爱调皮捣蛋的学生会感觉自己很特殊——他觉得自己承担了教室里最重要的工作，因此会努力成为积极的榜样，用更高的标准要求自己。

我的每个学生都知道，他们只要做好自己的事，完成自己的工作，就能帮助到同学和老师，让整个课堂运转得更好。因此，他们都会认真地承担责任。

第二，让孩子们参与制定决策。认为自己能掌控一切的孩子更愿意投入学习。

我会和学生一起讨论课堂上的社交和行为规范，制定他们能理解并接受的规则。

我们一起达成了协议，所以这些协议对每个人都有效。例如，有一条规则是"谁破坏，谁修理"。这条规则既适用于教室里的物品，也适用于他人的情感。学生们有责任解决他们造成的任何问题或混乱。因为对这些问题有话语权和影响力，所以他们更愿意认真对待这些问题。

作家波利娜·庞普利亚诺指出，父母可以通过家庭会议的方式让孩子参与决策。她写道：

你还在因为家里的规则执行问题而苦恼吗？与其坚持使用自上而下的方式，不如试试自下而上的方式。例如，如果你想限制孩子在电子屏幕前的时间，就可以召开家庭会议，告诉家庭成员你希望制定出公平合理的规则。你可以让孩子参与制定规则的过程。[9]

当我们让孩子参与制定决策之后，他们会开始理解行为要求背后的原因，会更愿意配合完成。

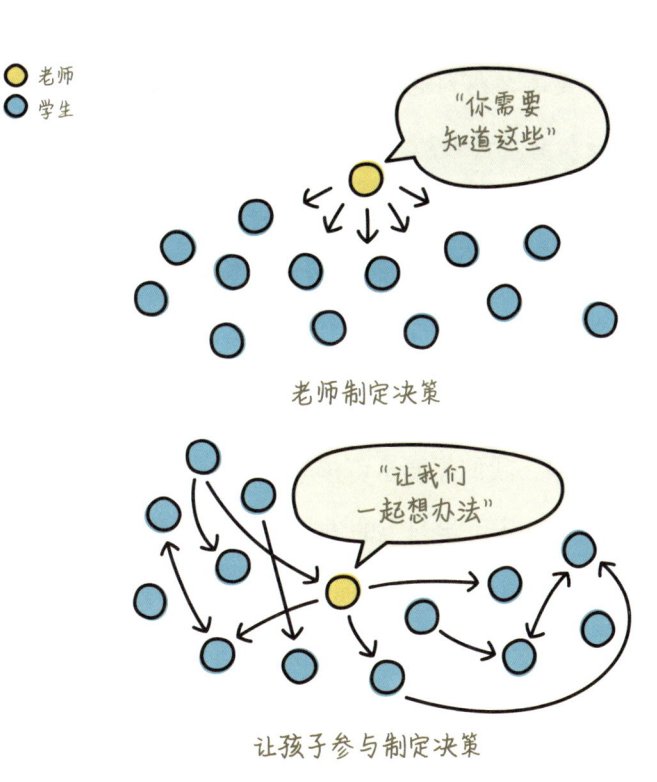

○ 老师
○ 学生

"你需要知道这些"

老师制定决策

"让我们一起想办法"

让孩子参与制定决策

> 当孩子们被好奇心和探索欲驱动着参与活动的时候,他们就不会再在乎外在的奖励。

第三,反馈和提问要具体。孩子和成年人一样,希望自己的成就得到认可,并希望因为自己的良好表现而得到好处。我们可以认可孩子们的积极努力,并且通过给予具体的反馈来鼓励他们继续发扬自己的长处。

我们在给予鼓励的话语时需要特别具体,让孩子们准确地知道自己什么地方做得好。不要只是说"太棒了!"或者"做得好!"。你可以试着询问他们的努力过程。要对实现的过程更感兴趣,而不要只是表扬结果。我来举几个例子:

- 你是怎么想到这么做的?你最喜欢哪一部分?可以再多给我讲讲吗?
- 我看见你搭的积木倒了,你没有大哭或生气,而是深呼吸之后又搭了一次。真了不起。
- 哇,你进了一个球!你感觉怎么样?我都为你感到高兴。

根据经验,我们需要认可孩子的努力,而非能力;认可德行,而非成就;认可学习上的进步,而不是学习的结果;认可好奇心、毅力和成长的心智,而不是任务的完成。

与孩子聊天的时候,提出好问题同样重要。当我们提出"你今天在学校过得怎么样"这样宽泛的问题时,我们也只能得到宽泛的答案，比如"挺好"或者"还行"。不如换个方式，试着问些更具体的问题，比如"今天最让你开心和难过的事分别是什么？"。（这在夫妻之间也同样适用！）

第四，多问"为什么"。孩子们会要求了解他们所学的东西有什么意义以及与自己的生活有什么相关性。这个要求合情合理！

作家马尔科姆·格拉德威尔写道："没有意义的工作，是一种监禁。"当孩子们理解了自己被鼓励做的事情背后的*原因*，他们才能参与和享受学习的过程。

因此，我会根据学生的喜好来设计课堂教学的框架，并向学生说明每个主题的重要性。

我注意到，当孩子们参与到有意义的对话中，就会感到满足。他们喜欢培养自己的好奇心，并了解成年人的决策。和学生们讨论某些任务和行为的重要性，就是给他们的学习赋予意义，这会让他们想要参与得更多。

第五，优先考虑趣味性。感受到乐趣的孩子可以学到更多，表现得也比没有感受到乐趣的孩子更好。同理，当孩子享受正在做的事的时候，他们也会更愿意坚持下去。

在我的课堂上，趣味性具有第一优先级。我会花时间思考自己还是孩子的时候，什么东西让我兴奋，什么东西让我感觉有价值并愿意参与，然后尝试着复制这些东西。我会确保孩子们愿意积极参与课堂互动。我意识到，我的工作不是教孩子如何计算乘法或减法，我最应该做的事是培养他们对学习的热爱。

我努力做好课前准备，融入幽默感，让我和学生们一起做的每件事都充满乐趣，让孩子们因为开心而愿意参与。这让我的课堂很特别、很吸引人，但这些都和学生的成绩或者积极行为没有直接关系。我想让孩子们体会到，学习和乐趣可以兼得，也应该兼得。

我被强迫做某件事时的动力

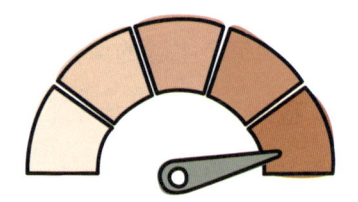

我主动选择做某件事时的动力

虽然激发孩子的内驱力并不容易，但这值得我们花一些时间和精力。毕竟，培养孩子对学习的热爱是我们能送给他们的最有价值的礼物。令人悲伤的是，如今的教育体系并不认同这样的观念。它的设计根本无法让孩子们感受到乐趣。它依赖于外部激励和短期奖励，导致孩子们只知道服从。

学校注重的是井然有序的教室，而不是创造力、好奇心或者解决问题的能力。这样做的结果是，孩子们所理解的成功并不能帮助他们成为主动的终身学习者。

> 培养孩子对学习的热爱是我们能送给他们的最有价值的礼物。

要帮助孩子在真实世界里取得真正的成功，我们需要做的是教会他们学习、反思、重新学习。

第四章

需要重新学习的五件事

作家阿尔文·托夫勒曾经写道:"21世纪的文盲不是那些不会读写的人,而是那些不会学习、不愿反思和提升自己的人。"[1]

在我看来,反思是一种技能,它能让我们认识到自己曾经深信不疑的东西不一定正确。对于我们在学校里教的东西,反思尤其重要。就像我在前几章讨论过的,我们的教育体制并不总是按照对孩子最有利的方式设计的。

在这一章,我会讨论一系列学校里教过的思想。孩子们最好不要相信这些东西。老师们传达这些信息的初衷是好的,但这些信息并非事实。实际上,我们会看到,它们甚至是完全错误的。对于学校里教的这些,孩子们最好反其道而行之。

需要忘记的五件事

第一,孩子们需要忘记"害怕犯错"。 孩子们在学校里会因为犯错而丢分。但在真实世界里，犯错让我们学到的最多。

学校里的成功来自考试的高分。学生们一旦出错，就不会在考试里取得好成绩。在学校里犯错会受到惩罚，让老师皱眉，是失败的象征。结果，孩子们只学到了害怕犯错。

这里存在着两个问题。首先，害怕犯错本身就是错的。想想看，成长其实就意味着会犯很多错。这是人们学习和进步的正确方式，是人们理解什么有效、什么无效的方式。其次，真实世界里最成功的人很乐于犯错和处理错误。我会在第十七章中讨论，我们不该教孩子避免失败，而应该帮助他们学会管理失败。

请忘记：害怕犯错。

重新学习：坦然面对错误，并从中吸取教训。

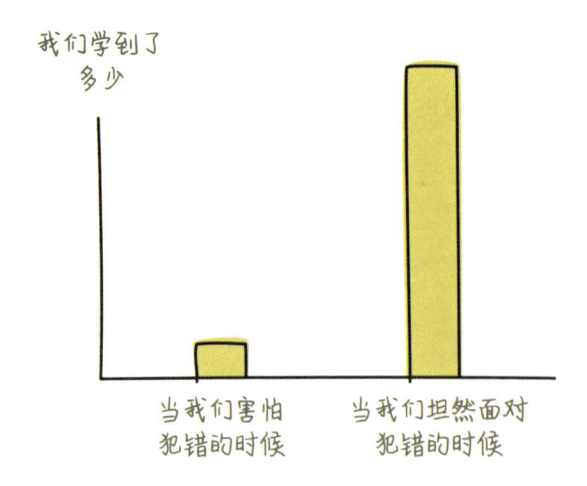

我们学到了多少

| | 当我们害怕犯错的时候 | 当我们坦然面对犯错的时候 |

第二，孩子们需要忘记"适应规则"。 学生们在学校里把颜色涂在边框以内就会得到奖励。但在真实世界里，往往要跳出框架去思考才会有所收获。

学校用"一刀切"的策略，试图把孩子们都塞到一个框框里。他们全都要在相同的时间里，用相同的节奏，采用相同的方式，学习相同的内容。他们只要接受别人制定的规则就能得到奖励。他们被教导拿自己和别人做比较，力争比别人做得更好而不是发现彼此的差异。他们一直在学习顺从和适应。

但真实世界只奖励那些独立思考和行动的人。这些人常常因为打破常规而脱颖而出。这些人不断拓展知识面，积累经验，慢慢发现自己独特的才能，掌握独特的知识，刻画只属于自己的人生轨迹。我将在第十六章深入探讨这个问题。

请忘记：适应规则。

重新学习：打破壁垒，发现自己的与众不同，创造属于自己的奇迹。

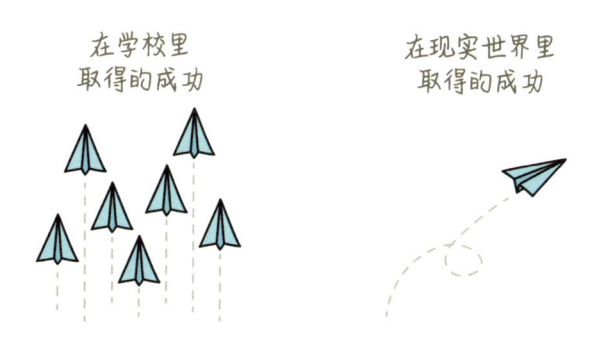

> 我们不该教孩子避免失败,而应该帮助他们学会管理失败。

第三，孩子们需要忘记"等待指令"。 在学校里，孩子们必须等待指令，按照教导行事。他们必须等着老师告诉他们要学什么以及怎么学。他们要学会原地踏步，不要自顾向前。他们总是等着别人告诉他们该干什么。但在真实世界里，他们必须靠自己解决问题。

在真实世界里，等待指令的习惯行不通。雇主不喜欢雇来的人总需要别人告诉他该怎么做。要在真实世界里获得成功，我们需要反复试验自己的想法，直到找到解决问题的办法。世界会奖励那些有进取心和能够独立思考的人——他们遇到困惑的时候，会感到好奇，而不是沮丧，会主动想办法解决问题。我将在第十章再次讨论这一点。

请忘记：等待指令。

重新学习：尝试、失败后总结经验、调整、再尝试，重复这个过程，直到把问题解决。

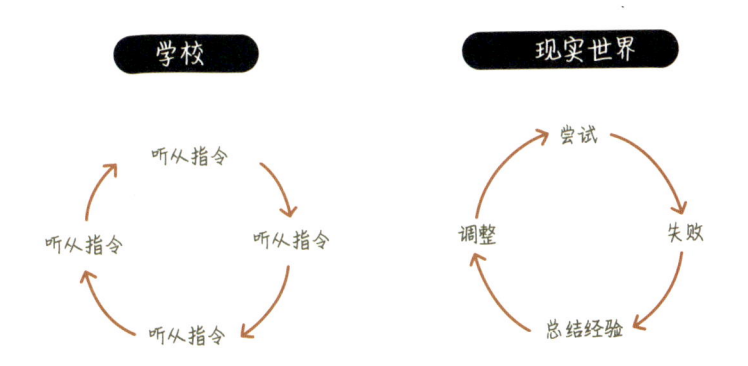

学校：听从指令 → 听从指令 → 听从指令 → 听从指令（循环）

现实世界：尝试 → 失败 → 总结经验 → 调整 →（循环）

第四，孩子们需要忘记"以备将来地学习"。很多我们在学校里学的知识，都是为了将来可能用得上。但在现实世界里，我们往往是在需要使用的时候才会去学习特定的知识。

> 世界会奖励那些愿意探索并能够解决问题的人。

学校用一份固定的教学大纲教给我们各种知识，希望它们在未来派上用场。我们学习长除法，以备将来忘记带手机。我们背诵元素周期表，以备将来在特定情况下要用。[2]

但在现实世界里，成功者都是掌握了自学方法的人。他们随时准备迎接可能出现的任何问题，这不是因为他们已经记住了所有的答案，对一切胸有成竹，而是因为他们知道如何在自己需要的时候找到答案。他们也确实会去记忆，但只记最有意义和真正重要的东西，而不记谷歌上很容易搜索到的那些知识和信息。他们能够取得成功是因为他们善于按需学习。我们在第八章还会谈到这一点。

请忘记：以备将来地学习。

重新学习：按需学习。

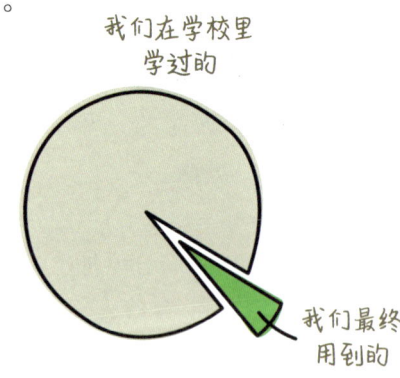

第五，孩子们需要忘记"不要质疑权威"。学生在学校里学到的是不要质疑权威，不能挑战老师。那些喜欢质疑或是总有不同意见的学生，会被贴上"难搞"的标签。学生们习惯接受的答案是"按我说的做"或者"我们都这么做"，但在现实世界里，我们应该质疑一切。

> 如果我们问不出问题，就会故步自封。只有我们有所质疑，才能创新和进步。

质疑一件事有助于我们形成自己的观点和想法。如果我们问不出问题，就会故步自封。只有我们有所质疑，才能创新和进步。

开展自己的项目，而不是从事强迫性的工作时，我们会表现得更出色。在下一章，我会进一步阐述这一思想——主动权会让我们勇于承担责任，努力实现自己独特的想法。

请忘记：不要质疑权威。

重新学习：质疑一切。

在学校里最不受欢迎的几个问题

1. 我该如何应用这个知识？
2. 你怎么知道这是对的呢？
3. 我可以不学这个，而去学"×××"吗？

帮助孩子们忘掉学校里教的这些毫无用处的东西，会对他们大有助益。不幸的是，这些东西根植于我们的教育体系，几乎遍及每间教室。结果，孩子们无法学会真正有用的东西，也不会提问，更不可能承担风险和自己解决问题，最终自然无法脱颖而出。

孩子们只是学会了如何玩这场学校游戏……

第五章

学校游戏

人类天生就有好学之心。我们通过自主游戏、探索和试错来学习，也通过深入挖掘自己的兴趣爱好、动手制作、反思行为的影响和后果来学习。这些都是我们与生俱来的能力。然而，问题在于，很多学校并不支持人类通常的学习方式。

在这一章，我会讨论这些学校是如何将学习从自然环境中抽离，并将其纳入框架制度的。我还会讨论跳出学校游戏，参与学习游戏的价值。

擅长学校游戏的孩子

想想你自己上学的经历。过了这么多年，当初在学校里进行过的学习活动如今还有多少在坚持？我猜寥寥无几。这是因为正规的学校里发生的学习活动大部分都是模仿式学习。

为考试而学，慢慢就什么都学不到了……

由于孩子都善于模仿，因此他们在进行模仿式学习时，成人很难察觉。孩子们聪明、适应能力强、反应快、善于抓住事物的本质，于是他们想出了一个办法：通过让自己显得勤奋和专注来驾驭这个有缺陷的体制。换句话说，他们已经开始学着玩这场学校游戏。

> 人类天生就有好学之心。

学校游戏很容易掌握。孩子们很快就会知道成功的学生是什么样的。他们在课堂上努力表现出专心听讲的样子，每隔几分钟就举手发言，按时交作业。他们只花最少的时间和精力应付考试，其余时间都去做自己真正想做的事。

这能怪他们吗？ 在我们为学校创建的框架下，孩子们有什么动力重视真正的学习而不是成绩呢？

实际上，即使孩子还没有完全掌握某个主题，也会被鼓励着走走过场，打卡式完成所有学习任务。"落后"的孩子并不是学得最少的学生，而是无法和整个班级保持同步的学生。结果，普通学生只知道如何从学校毕业，却不知道如何在生活中获取所需的知识和技能。

和学校游戏相反，我们需要帮助孩子掌握一种不同的游戏。这种游戏能让他们发挥特长，在生活中获得竞争优势。

> 我们需要帮助孩子掌握一种不同的游戏。这种游戏能让他们发挥特长，在生活中获得竞争优势。

玩学习游戏的孩子

不是每个学生都喜欢玩这场学校游戏。有些孩子发现了这是一种有害的模式，开始不再听从指令。他们不参与学校游戏，而是玩真正重要的游戏，也就是学习游戏。

这样的孩子通常看起来很叛逆。他们质疑大量的作业和百变的规则，可能会选择专注于某一个或几个科目。他们的成绩可能不是最好的，但这不会影响他们。他们不愿意玩学校游戏获取高分，而是忙着真正的学习——更有效率、更能带来持久回报的学习。

> 真正重要的游戏是学习游戏。

这些孩子会在生活里取得成功，不仅是因为他们学到了更多，还因为他们找到了从生活中获得最大收益的方法。他们不被传统规则捆绑，不像其他人那样在学校游戏中表演。他们选择玩他们自己的游戏，站在更高的角度上思考问题，多做能给自己带来成就感的事。他们知道自己能为世界带来什么独特的东西，所以最终能对世界做出更大的贡献。

我们不该轻视这样的孩子。相反，我们应该鼓励他们，并且努力成为这样的人。无论我们做什么，只要能打破常规模式，做自己真正感兴趣的事，我们都会做得更好。这就是成功的关键。

但是，我们如何才能弄清学习游戏的规则呢？我们如何让自己和孩子学会从不同的角度思考和解决问题呢？

首先，我们需要看看孩子们应该如何学习。

第二部分

孩子们应该如何学习

第六章

学会爱上学习

每当我们让孩子放下吉他，或者阻止他们继续钻研复古时尚，让他们回到"真正的学习"（学校的任务）中时，我们都是在要求孩子把学习和乐趣区分开。

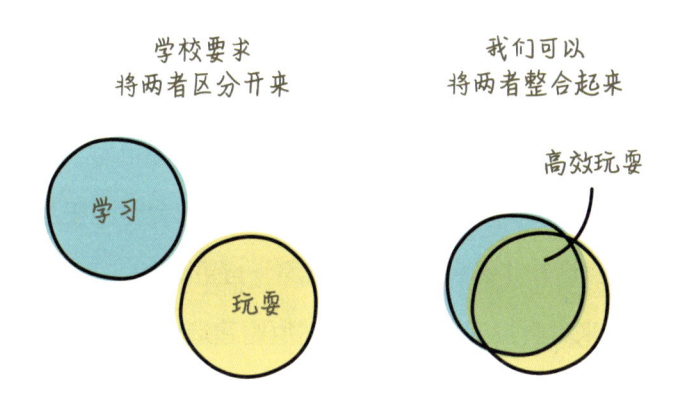

学校要求
将两者区分开来

学习　玩耍

我们可以
将两者整合起来

高效玩耍

把学习和玩耍分开似乎是一种普遍认知。孩子们自己主动做的事看起来总像是在玩，而我们倾向于认为玩与学无法同时进行。我们自己也是如此——总是干完了一天的工作才能享受个人兴趣。但是，如果学习时不考虑兴趣，我们就会错失重要的学习机会。

我在这一章会讨论做自己的项目如何激发孩子们进行真正的学习,还会讨论,孩子拥有对学习的自主权将如何帮助他们从不同的角度看待问题,发现新的可能性。

鼓励孩子做自己的项目

当我们做自己的项目时,最能感觉到自身的存在。这些项目可能不会让我们一直满意(就像作家不会在每次写作的时候都下笔如有神一样),但它们能让我们感觉最投入、最无拘无束。

孩子们也是一样的。当他们投入自己的项目时,会忘却周边的一切,一心想要完成手上的事情。他们会专注于思考、学习和实现。这并非易事,但他们*自愿*、*自主*。

我们来看看投资人保罗·格雷厄姆建造树屋的例子。[1]

这个项目给人的第一印象只有玩耍。但在建造树屋的过程中,孩子们会学到数学、工程方面的知识,还会学到如何进行团队合作。他们会思考、制订计划和解决问题。更重要的是,由于可以自主学习,*自己管自己*,他们能充分地投入其中。

换言之,属于孩子们自己的项目会创造完美的环境,让他们进行真正的学习。

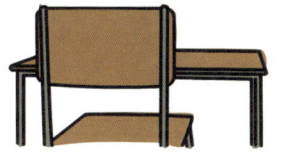

坐在教室里学习……　　……在现实世界里学习

然而在学校里，我们仍然会冷眼看待自主项目，认为那不是真正的学习。我们会给自己认为重要的主题贴上"课程"的标签，而把好玩的事看成"课外活动"。我们让孩子相信，要想成功，必须完成学校的学业任务，却不曾强调，通过投入自己的项目也能实现真正的学习。

正如保罗·格雷厄姆曾写道：

> 想到那些高中生为了通过考试而放弃建造树屋，坐在教室里一丝不苟地学习关于达尔文或牛顿的知识，我就不禁感到有些悲哀。实际上，让达尔文和牛顿成名的工作在理念上更接近于建造树屋，而不是为了考试而学习。[2]

只有潜心研究与自己息息相关的事情，真正的学习才会发生,没有人比孩子更懂得这个道理了。这就是为什么他们在整个暑假里都精力充沛,却在秋天重返校园时磨磨蹭蹭。

想象一下,如果老师们围绕学生喜欢的项目开展活动,而不是根据课程大纲和特定任务进行教学,会怎么样?孩子们的参与度会不会更高?他们会不会更喜欢学校和学习?

一个11岁的小男孩曾为他的播客节目《儿童了解职业》采访过我。他每周和不同的人讨论他们的职业,让其他孩子可以从中了解到当今世界上不同的职业选择。我被他的热情以及他为这个项目投入的时间和精力深深吸引。他的父母没有把他的播客项目看成一项课外活动,而是将其看成创造价值的机会。

很多著名的科学家、作家、艺术家和企业家取得成功并非因为他们在学校里表现优异,而是因为他们沉浸在自己的校外项目中。

马克·扎克伯格从大学退学,创建了脸书。埃隆·马斯克放弃斯坦福大学的博士项目,转而创建了他的第一家公司。杰妮·布里顿·鲍尔(Jeni Britton Bauer)放弃了美术专业的学习,创办了成功的珍妮辉煌冰激凌连锁店。用她的话说:"我就这样走出去,把我的所有美术作品都留在了那里,然后骑车回家做冰激凌。"[3] 扎克伯格、马斯克和布里顿·鲍尔可能只是个例,但这恰恰说明人们很少有机会自由地

> 只有潜心研究与自己息息相关的事情,真正的学习才会发生,没有人比孩子更懂得这个道理了。

投入自己最感兴趣的项目。

鼓励孩子开展自己的项目应该成为常态。我们应该为健康的痴迷创造条件，为孩子的好奇心喝彩，让他们觉得自己正在学习而不只是在玩耍。因为实际上他们就是在学习，并且正在学习如何爱上学习。

学会爱上学习如何激发创造力

小孩子和大发明家有一个相同之处：别人认为理所当然的事，在他们看来却是崭新的、充满机遇的。比如说，要成为成功的科学家，你需要发现别人注意不到的东西。而要创办成功的企业，你需要追寻别人还没发现的东西。正如保罗·格雷厄姆所说："仅仅正确还不够，还必须新颖。"[4]

我们生来就有独立思考的能力，但学校的制式训练使我们逐渐丧失了这种能力。我们被教导只做正确的事，努力得到社会认可，而不是创新。我们被教导：只要是大家都赞同的想法，就是好想法，无论这种想法是否有用、是否新鲜。

然而，只有投入自愿选择的工作，孩子们才有机会利用全新的方法来解决问题。他们会用自己的方式工作，而不用管老师怎么说。他们想到什么方法或策略就会去实践，在别人看起来很疯狂的想法对他们来说却很有意义。他们自己的项目能够促使他们产生新想法，因为这正是他们体验"vuja de"的时刻，这些项目可以培养他们对熟悉的事物产生全新视角和认知的能力。

当我们遇到一些新事物，会产生似曾相识的感觉，这在法语中叫"Déjà vu"，而"vuja de"与之正好相反。正如亚当·格兰特所说："面对相似的东西，我们必须用新鲜的视角看待它，这样才能对老问题产生新的认识。"[5]

我们来看看美国线上眼镜和太阳镜零售商店瓦尔比·派克的创始人的例子。[6]很长一段时间里，大家都知道眼镜很贵，不愿购买。终于，瓦尔比·派克及其几个朋友对此提出疑问："为什么会这样？"

他们稍作调查就发现了垄断的真相。有一家公司同时拥有亮视点、雷朋、欧克利和 Pearle Vision（珍视）这些眼镜品牌以及香奈儿和普拉达的授权，这让他们和中间商能收取极高的费用[7]，而消费者只能望而却步。

当他们发现了问题所在后，解决思路就很清晰了。他们需要建立从眼镜设计、眼科检查到分销的整个流程，省去所有中间环节，将节省下来的成本惠及客户。瓦尔比·派克的创始人们用全新的视角看待熟悉的情况，质疑默认的选项，最终打造出一家价值 30 亿美元的企业。[8]

"于熟悉中洞见新知"是在商业、生活以及各个领域进行创新的秘诀之一。孩子天生就有这样的思维,而成年人却压抑了它。那么,我们怎样才能改变现状,鼓励这种思维方式呢?

如何鼓励"于熟悉中洞见新知"

有四种方式可以鼓励孩子"于熟悉中洞见新知"。

第一,培养怀疑的态度。当孩子们抗拒别人告诉他们该怎么想时,我们往往会误以为这是一种消极的品质。而实际上恰恰相反。我们应该鼓励这种态度,而不是为此惩罚孩子。你应该教你的孩子别让任何未经检验的信息进入头脑,鼓励他们这样提问:

- "这个人所说的是真的吗?"
- "我怎么才能知道这是真的呢?"
- "谁在讲故事?他的动机是什么?"

鼓励怀疑时,也要注意识别偏见,尤其是我们自己的偏见。我们可以靠多问几个问题,帮助孩子警惕他们自身的偏见,比如:

- "你为什么会这样想？你的说法基于什么假设？"
- "你希望什么是真的？"
- "哪些事实或研究能支持你的观点？"

有一项很好的家庭活动，就是每周一次在晚餐时进行一场打破神话的讨论。优秀的质疑者要学会扮演"魔鬼代言人"的角色。可以邀请孩子持有他们本来不一定同意的立场，参与辩论。这不是好斗，而是一种积极的习惯，可以让孩子们有动力去探寻新奇的事物。

> "于熟悉中洞见新知"是在商业、生活以及各个领域进行创新的秘诀之一。

第二，帮助孩子学着后退一步，站远一点观察。当我们后退一步重新观察某些事物的时候，我们会突然感觉好像是第一次见到它们。我很喜欢作家沃伦·伯杰的这段话：

> 当我们保持不动时，看见的都是完全相同的现实和情境。而当我们站远一点时，更大的图景会进入视野。我们可能会看见事物的全貌，注意到我们以前认为是独立存在的事物之间的关联。[9]

孩子们也应该如此。然而，学校总是让他们快速地从一堂课进入下一堂课，他们没有多少时间咀嚼和消化学到的东西。

以下几种方法可以帮孩子实践后退一步，远距离观察：

- 让别人大声朗读自己写的文章。
- 用另一个角色的视角重写之前的故事，比如一个反派角色的。
- 用不同的设备编辑之前写好的文章，可以用键盘、手机、平板电脑或纸笔。
- 尝试用另一种方法解出同一道数学题。
- 再读一次几天前甚至几周前读过的内容，看看想法有没有改变。
- 站远一点看一幅拼图，用新的角度观察它。

第三，鼓励孩子拒绝默认选项。当我们拒绝默认做法时，就会开始注意到不恰当的地方、过时的方法和被忽视的机会。孩子越快学会这个技能越好。亚当·格兰特曾说：

> 教导孩子在接受一个说法之前，探查更多的证据。

> 具有独创性的标志就是拒绝默认选项，探索是否存在更好的选择。探索的起点是好奇心——思考为什么会出现这个默认选项。[10]

教导孩子在接受一个说法之前，探查更多的证据。

要珍惜孩子们问的"为什么"，因为这是他们从第一性原理思考世界的方式。他们总在问"为什么"，是因为他们尝试着理解事物运行的方式。他们试图解构世界抛给他们的东西，以确

> 我们应该为健康的痴迷创造条件，为孩子的好奇心喝彩，让他们觉得自己正在学习而不只是在玩耍。因为实际上他们就是在学习，并且正在学习如何爱上学习。

定这些东西是否有意义。他们在尝试着为自己而思考。

第四，让孩子们对自己发现的问题进行更深层次的思考。
问司空见惯的问题，只能得到司空见惯的答案。我们应该停下来，花时间让自己和孩子对某个问题进行更深入的挖掘。可以邀请孩子问他们自己这样的问题：

- "这条证据可信度高不高？"
- "有可靠的来源吗？"
- "背后有什么目的？"
- "有什么事是我不知道的？"
- "还缺少什么信息或细节？"
- "反方观点是什么？"
- "哪个观点有更多的证据？"

用作家罗伯特·萨顿的话来说：

> 这意味着要把通常被视为消极的事物看成积极的，反之亦然。这意味着可能要推翻具有因果关系的假设，或者推翻孰轻孰重的假设。这意味着不要在生活之旅中启动自动驾驶模式。[11]

孩子们开展他们自己的项目时，才会充分投入学习，才有

> 要珍惜孩子们问的"为什么",因为这是他们从第一性原理思考世界的方式。

机会用他们自己的方式从不同的角度看待问题。只有这种可以亲自验证理论公式的学习方法能让孩子们感到兴奋。通过这样做,他们不仅能享受所做的项目,还能爱上学习这件事本身。

还有一种令人兴奋的学习方式,就是汲取他人的独特思想。孩子们可以深究他人发现的东西,复制一些策略和技巧,进行整合,然后应用于自己的学习中。

具体要怎么做呢?请看下一章。

第七章

把学习变成乐趣

大部分情况下，当你走进一间教室，会看到老师们在教授事实、数字和公式。我们把孩子当成了电脑。我们相信，当我们喂给孩子规则和信息之后，只要他们运行正常，就会处理数据并吐出正确答案。那些正在挣扎的孩子一定是系统程序出了错。

人类在逻辑和数学方面取得了伟大的成就，但这些并非我们自然的学习方式。我们没有被设计成执行指令的实验室，而是通过模仿故事中的人物来学习和进化的。

在这一章，我们要讨论故事是如何成为强大的学习工具的。故事将概念变得具体，给我们提供可以效仿的实际范例。故事利用一种和人类本身一样古老的策略，把抽象的理论、数字和公式变得对我们而言更有意义。

看看我们祖先的洞穴壁画吧。除了少数的计数符号，大部分壁画内容是狩猎的场面。[1] 原始人想要传递知识的时候，会向孩子分享英雄的故事，让他们来模仿。

故事是迷人的，令人兴奋，容易被记住。我们爱听普通人遭遇冲突、失败和重新振作的传奇，可以从这些故事里找到克服逆境的新策略。故事让知识变得容易记住和实践，还能给我们带来可以仰慕的英雄，让我们更有动力去实现自己的成就。

最优秀的教育者会顺应人性。回想一下你儿童时代最喜欢的老师，我打赌他/她具备以下两个方面的特质：

首先，他/她会用引人入胜的例子让教学变得生动。也许他/她还会在课堂上分享自己的经验，谈论历史与新闻。

其次，他/她允许你自由地模仿学到的人物。你可以向老师展示出来的素材中的人物学习，模仿他们的行为，运用他们的策略。

这样的老师知道怎么创设课堂环境，让学习按照孩子们的天性进行。

如果有机会，去看看孩子们玩耍的场景吧。你会发现他们几乎总是在假扮听到的故事里的形象。他们会模仿最喜欢的电视、游戏和图书中的角色。很多时候，他们会扩展这些故事，把自己的朋友、家人和生活中发生的事件加进来。所以从本质上说，他们是在把从故事里学到的东西应用于真实世界。

如何用故事驱动学习

如果我们仿照孩子的方式学习，我们都能学得更好。聆听成功人物的故事，然后实践他们的策略，这样的方式把学习从

> 如果我们仿照孩子的方式学习，我们都能学得更好。聆听成功人物的故事，然后实践他们的策略。

苦差事变成乐趣。这就是我们人类自然的学习方式。

实质上，波利娜·庞普利亚诺在她的社交媒体上也是这样做的。她讲述独特人物的精彩故事，并从他们的生活中总结出可供我们借鉴的经验。她曾经告诉我：

> 如果我想学些新知识，无论是关于如何做出更好的决定的，还是关于法国大革命的，我都会选择一个最能体现我想学习的思想的人。我发现，与一个人建立情感联系更容易触动我，让我真正地学习和记忆。[2]

实际上，我们所有人都像波利娜一样。当我们将某些概念与某个人和他的故事联系起来时，学习效果最好。

比如你想学习如何做决策，你可能认为最好的办法是去学校学习统计学。课程一开始，你会学到贝叶斯定理。这是一个计算概率的著名公式，通常写成这个样子：

$$P(A|B) = \frac{P(B|A) \cdot P(A)}{P(B)}$$

一看到这么多变量，你可能就眼花缭乱了。先学公式的学习方式肯定是困难的，因为公式太无聊了，我们天生就无法沉浸其中。不过，我们天生就会被有意思的人吸引。那么，更好的学习方式是什么呢?

与其用贝叶斯定理开头,不如用安妮·杜克的故事开始。她是有史以来最厉害的女性扑克牌玩家。她是怎么掌握这门技艺的呢?

她用了像贝叶斯定理这样的概率公式,帮助她下赌注。[3]看到牌桌上的牌和对手的下注方式,她会运用公式计算出她能赢的可能性。这一策略让她一跃成为扑克牌领域的世界顶尖选手。2010年,她获得了美国全国广播公司主办的美国扑克锦标赛的冠军。她一生的收入高达数百万美元。

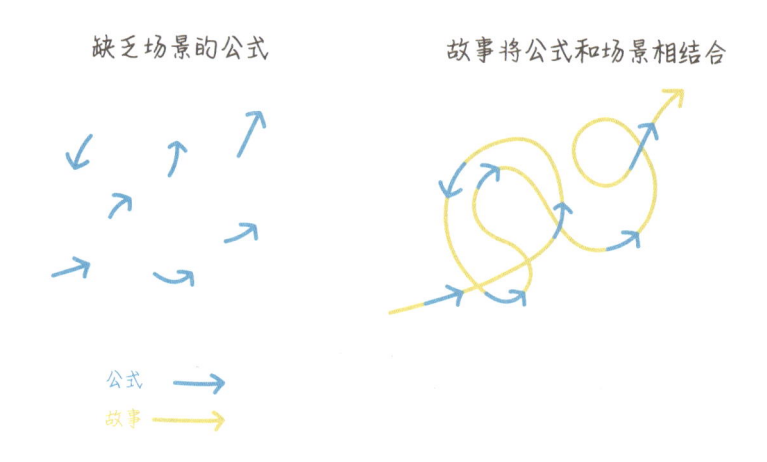

缺乏场景的公式　　　故事将公式和场景相结合

公式 →
故事 →

我敢打赌,听了这个故事,你立刻对学习如何利用统计数据做决策更感兴趣了。你把所有的数字和理论都包裹在了一个有好故事的人身上。现在你已经和这样的人产生了情感上的联结，你更有可能对理解他们的工作感兴趣了。

我并不是说数学公式不重要。它们当然重要。我们如果想要掌握某项技术，就需要对技术细节了如指掌。但是，我们为了达成最终的目标，需要从正确的位置开始。我们需要先了解公式背后的原因和方法，也就是故事，然后才能掌握更深层次的数学含义。也就是说，故事可以帮助学习步入正轨。

> 当我们将某些概念与某个人和他的故事联系起来时，学习效果最好。

你可以把这样的策略应用于任何事情上：你如果想学习工程学，可以读一读莱特兄弟的故事，然后做一架飞机模型；你如果想学习时尚设计，可以从阅读可可·香奈儿的故事入手，然后试着设计着装；你如果想学习计算机，可以读读艾伦·凯（Alan Kay）的故事，然后着手编写一个应用程序；你如果想学习文学，可以读读玛丽·雪莱的故事，然后写出一个惊悚的故事……

以前，我们很难靠别人的故事学习——你必须阅读很久以前的名人传记，或是在当地找到自己的导师——但现在一切都不同了。互联网上充满了来自不同领域的杰出人物的精彩故事。社交媒体、网站、杂志，你目光所及之处，皆有值得你学习的人物。

> 故事让知识变得容易记住和实践，还能给我们带来可以仰慕的英雄，让我们更有动力去实现自己的成就。

今天的学校为何没有充分发挥故事驱动学习的潜力，原因尚不清楚。虽然用故事驱动学习的方法既有效又有趣，但有些教育工作者似乎更喜欢其他效果比较差的方法。例如，有些老师过于依赖死记硬背的常规方法。他们没能让重要的信息具有启发性和容易记忆，而是强迫孩子们完成一个又一个记忆练习，试图用蛮力达到预期的标准。不过，我指出这一现状，是否意味着背诵完全不好呢？背诵到底能不能对真正的学习起作用？如果能，它的作用体现在哪里？我们如何才能做得更好呢？

接下来，让我们探索一下如何合理地使用记忆。

第八章

合理地使用记忆

如今，我们想知道的任何事都有可能在互联网上搜索到。这改变了我们对于记忆在教育中的作用的看法。当然，记忆仍然很重要，但重要的原因变了。

我们需要的不是靠死记硬背获得的孤立事实，而是扎实的基础常识和大量的思维工具。我们需要掌握心理模型、认知技能以及世界运行背后的原理。如今，大量唾手可得的信息让我们可以减少记忆，增加分析。

在这一章，我会探索记忆是如何与真正的学习发生关系的。我会讨论记忆与意义相结合的重要性，并谈一谈如何让背诵更轻松、更吸引人，效果更持久。

记忆与意义相结合

学校把事情搞反了。罗杰·卢因（Roger Lewin）说："很多时候，我们给孩子的是需要记住的答案，而不是需要解决的问题。"

孩子们学着记忆东西并不是为了提高理解能力或批判性思维，而是为了在考试中取得好成绩。他们可能并不知道正确答案是什么意思，而只是在鹦鹉学舌。

我看到过我的学生在努力应用记住的概念时遇到困难。他们只要面对开放式的问题，头脑就会一片空白。他们能告诉我公式，但不知道该如何使用。

死记硬背让孩子们看起来正在学习，但实际上他们只是在模仿学习。他们即使不理解概念，也能想办法从技术上给出正确的答案。

实际上，孩子们需要学习"是什么"和"为什么"。他们需要记忆重要的事实，并且学习这些事实的真正含义。他们还需要理解事物如此运作的原理。

举个简单的例子。孩子把乘法口诀表背下来很重要，否则他们就只能用计算器或者反复心算加法，而这两种方法的效率都很低。但是，记住三五一十五还远远不够。他们还需要理解，$3 \times 5 = 15$ 的意思是：有三组，每组有五个。

有三组，每组有五个
$3 \times 5 = 15$

真正的学习发生在我们能够找到正确答案的时候，因为在这种情况下我们理解了事物是如何运作的。这样的理解不仅帮助我们在大脑中储存事实和数字，更重要的是，还帮助我们储存得出这些答案的推理过程。

专注于最重要的事物

学校倾向于把死记硬背作为首选工具，但纯粹靠记忆来掌握知识，会花费大量的时间和精力。实际上，老师应该只着眼于最有用的信息。

例如，让美国的孩子去记忆美国 50 个州的名称和确切的位置，算不算合理利用他们的时间？算，孩子们应该大致了解美国地理。但知道每个州的名字和位置能帮他们在生活中做出重要的决策吗？大概不能。

- 🔍 不要强迫孩子
- 🔍 不要强迫孩子背诵那些很容易就能在网上搜到的东西

整体上看，我们不应该在学校里强迫孩子们记忆细枝末节的信息，包括：

- 日常生活中少见的；
- 对做出重要决定影响不大的；
- 与世界运转的基础无关的；
- 不难搜索的。

50 个州就属于这样的信息，但乘法表不是。乘法表与日常生活有关，对做出大大小小的决策很重要，是世界运转的基础。每次做快速计算的时候都上网搜索不太现实。简单地说，我们不该花太多心思去记忆琐事（比如 50 个州的名称和位置），而应该花更多时间掌握最重要的概念（比如数学概念）。

对于那些值得记忆的东西，也有更好的记忆策略，而这就是我接下来要介绍的内容。

建造记忆宫殿

传统的记忆方式对学生和老师来说都很痛苦，而用太多闪卡又对视力不好。幸运的是，我们有更好的办法。

记者乔舒亚·福尔在报道美国记忆力锦标赛时，学到了

> 死记硬背让孩子们看起来正在学习，但实际上他们只是在模仿学习。

"建造记忆宫殿"的方法。[1] 他采访的参赛者都坚称自己并不特别，任何人都能学习他们的技巧。因此，福尔决定自己实践一下，结果他得了第二年比赛的冠军。

福尔在他的《与爱因斯坦月球漫步》一书中解读了参加记忆力比赛的人应该如何做准备。[2] 关键是要认识到，我们的记忆力非常好。我们所要做的就是按照大脑设计的方式使用记忆力。

例如，我们天生就能把两种事记得特别牢，一种是地点，另一种是异常的东西。而数字和事实就很无聊，不容易记住。因此，要记住平淡无奇的事情，就要把它转化成令人难忘的事情。

想一想你觉得最亲近的地方，比如你童年时期的家。在脑海中重温它的样子，走过它的每一个房间，试着回忆起所有的沙发、椅子和橱柜所在的位置，然后把一些难记的东西，比如购物清单上的每件物品（苹果、黄油、卫生纸等）都放进你的记忆宫殿里。把苹果放在信箱里，把黄油放在门口的垫子上，把卫生纸放在厨房的灶台上。

想象着自己走过信箱，穿过前门，进入厨房。每当你走过一件物品，就想象这件物品正在发生什么可笑的事。也许苹果正在唱歌，黄油正在点化，而卫生纸冻成了冰。这种想象越疯狂越好。

想象你正在体验每一件物品。你听到苹果甜美的歌声时会笑，你会感受到黄油燃烧的热浪，还会在手指触摸到卫生纸的时候打哆嗦。

这样一来，当你再去商店的时候，只需要在脑海中走过记忆宫殿，每件物品就会自动跳出来。在你熟悉的地方，在对你而言很特别的环境里，你不费吹灰之力就能记住你需要记住的东西。

有了这些技巧，我们就能把背诵从枯燥乏味、令人沮丧的任务变成令人兴奋的活动，从而促进持久的学习。只要我们从传统的记忆方法中跳出来，向专业人士学习，就能做到这一点。只要方法得当，记忆并不难。它可以充满乐趣和创造性，符合我们大脑的工作原理。

如果使用得当，记忆就是一种强大的学习工具。它能帮助我们将有用的概念存储在脑海中，更快地检索信息。但学校总是强迫孩子们死记硬背那些只能让他们在考试中取得好成绩，却对生活毫无帮助的东西。

滥用背诵方法只是学校出现问题的表现之一。它揭露了一个更大的问题——教育者被告知自己使用的方法有奇效，但实际上效果并不好。正如我在下一章要讨论的，许多教育工作者在关于学习方式的神话中迷失了。

> 孩子们需要的是扎实的基础常识和大量的思维工具。他们需要掌握心理模型、认知技能以及世界运行背后的原理。

第九章

打破学习方式的神话

你可能听到过这样的说法：我们每个人都有最适合自己的学习方式。用科学术语说，这叫"主导感觉模式"（dominant sensory modality）。这种理论把我们分成视觉型学习者、听觉型学习者和动觉型学习者。但是人真的有特定的学习方式吗？根据特定的感觉模式来定制学习方式，效果真的最好吗？

在这一章，我将质疑学习方式的概念，并探讨是否有更好的方法来思考学习方式。

我在课堂上使用的学习方式

根据美国心理协会的统计，超过 90% 的美国老师相信，如果根据学生的主导感觉模式进行教学，他们会学得更好。[1] 我曾经也是这样认为的。

我花了大量的时间和精力辨别学生的学习方式。我用过一版 VARK 问卷①，根据结果把我的学生分成不同的小组，包括视

---

① 一种根据学习偏好对孩子们进行分类的工具。——译者注

觉型、听觉型和动觉型。[2] 然后我为每个小组创建不同的学习体验,为每个学生量身定制教学内容。我认为,只要这些有助于他们学习,我花的工夫就很值得。

但是我错了。

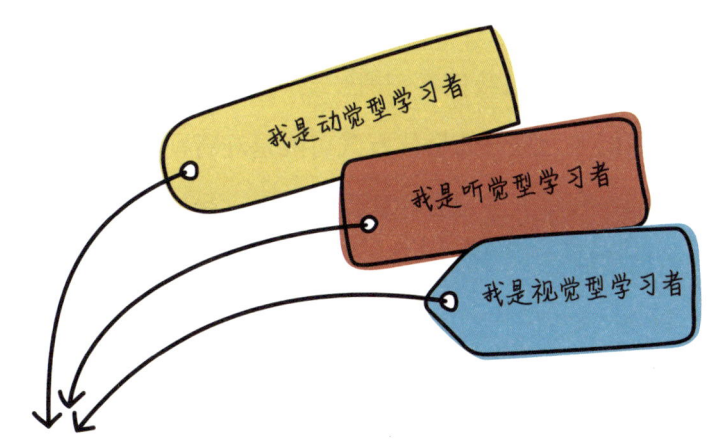

我是动觉型学习者

我是听觉型学习者

我是视觉型学习者

不是的。每个人都拥有多种感觉模式,只不过也许你比较偏向其中一种。

"学习方式"听起来很合乎逻辑,也很有吸引力,但现在有许多研究质疑这个概念。[3] 下面,我们来从三个重要方面看看学习方式这一概念的误区。

关于学习方式的三个误区

首先，我们不是只有一种学习方式。认为我们有一种主导感觉模式的想法是错误的。大脑中的视觉、听觉和运动神经输入模式是相互联系的，这种相互联系有助于我们处理信息。

换句话说，当我们学习时，会同时调动不止一种感官。[4]例如，我们学习烹饪的最佳方式可能是观看视频，但这并不意味着我们是视觉型学习者。观看视频时，我们实际上调动了视觉、听觉和触觉。

其次，根据不同的学习方式对学生进行定制化教学并不能帮助他们提升学习效果。一味地迎合学生所谓的学习方式，对他们是没有任何帮助的。例如，在一项研究中，数百名学生参与了 VARK 问卷调查，以确定他们的学习方式。[5]然后，调查要求他们就某一主题进行准备，并使用与他们的学习方式相匹配的策略。研究发现：大多数学生在准备的过程中似乎没有表现出对某种特定的学习方式的倾向，而少数使用匹配策略做准备的学生在评估中也没有取得更好的成绩。

最后，学习方式助长了固定的思维模式。将人分为视觉型学习者、听觉型学习者和动觉型学习者并无益处。当我们根据学习方式给孩子们贴标签或分类时，我们就是在鼓励一种固定的思维模式。[6] 尽管我们的出发点是好的，但我们用自我实现的预言限制了他们。

固定的思维模式　　成长型思维模式

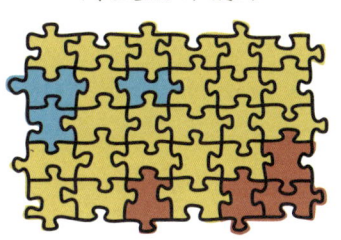

○ 动觉型学习者
○ 听觉型学习者
○ 视觉型学习者

有时，我们为了发展孩子的个性，步子迈得太大，比如会努力找到适合每个人的学习方式，结果又把他们放进了框框里。

以前做老师的时候，我盲目地接受了学习方式的概念，并迷失在关于大脑及其功能的流行神话中。后来我意识到自己的错误，开始重新思考学习方式，并设计新的学习方法。

以下是我开始对学生使用的四种策略。

> 有时，我们为了发展孩子的个性，步子迈得太大，结果又把他们放进了框框里。

更优的行动建议

第一，我们要明白，孩子们不是只有一种学习方式。 他们可能有学习偏好或以某种方式处理信息的倾向，但所有人都是在综合运用多种感觉模式时才能获得最佳学习效果。

第二，需要强调的是，我们的学习偏好不是固定不变的。 学习习惯会随着时间的推移而改变，而且往往取决于具体情况。我们可能在某一天想要通过观看纪录片来学习历史，而在第二天又更想读一篇博文。有变化是好事！

> 认为我们有一种主导感觉模式的想法是错误的。

第三，提醒孩子们，他们拥有学习方法的大工具箱。 当他们想学习新知识时，鼓励他们问问自己："在这个问题上，在这种情况下，哪种（或哪几种）心理工具最适合我？"孩子们越能意识到他们有更多的选择，就越能做好准备，随时随地自学任何他们想学的东西。

第四，给孩子机会，鼓励他们运用多种感觉模式。 在如今这个时代，我们有无数种学习方式：视频、书籍、播客、纪录片、在线课程、训练营、在线文章和面对面的学习小组等等。让孩子们先选择一个主题，然后用三种不同的方式来了解它。帮助他们思考，在这个过程中，他们注意到了什么。

> 所有人都是在综合运用多种感觉模式时才能获得最佳学习效果。

最初,根据孩子们的学习方式进行教学是为了让他们学得更轻松。正如我们所看到的,这种教学方法并不奏效,但它背后的动机似乎是正确的。这么说对吗?让孩子们学得更轻松就是最好的吗?或者说,如果给他们机会付出更多的努力,他们是否会成为更好的学习者呢?

接下来,让我们讨论一下如何用困惑点亮孩子们的好奇心。

第十章

用困惑点亮好奇心

你会允许孩子们经常沉浸在自己的困惑中吗?

我猜不会。我们倾向于认为困惑对学习起到反作用。但有研究告诉我们,事实并不是这样的。困惑是强大的感觉,只要使用得当,它可以点亮好奇心,从而激发内驱力,提高参与度,帮助孩子们实现真正的学习。

在这一章,我将探索接受困惑能带来什么益处以及我们该如何帮助孩子们接受困惑并将其转化为优势。

接受困惑

请看西德尼·达梅洛教授领导的这项研究。[1] 他和他的同事发现,困惑可以帮助人们提高学习和解决问题的能力。达梅洛对他们的发现做了如下总结:

> 如果能适当地调节困惑,那么困惑对学习是有益的,因为它可以促使学习者更深入地分析材料,解决问题。[2]

达梅洛教授的意思是，并非任何程度的困惑都是积极的。缺乏足够的困惑，我们会觉得无聊，很容易放弃。而困惑太多又会让我们产生挫败感，选择放弃。只有恰到好处的困惑会激发我们的好奇心，让我们愿意学习。

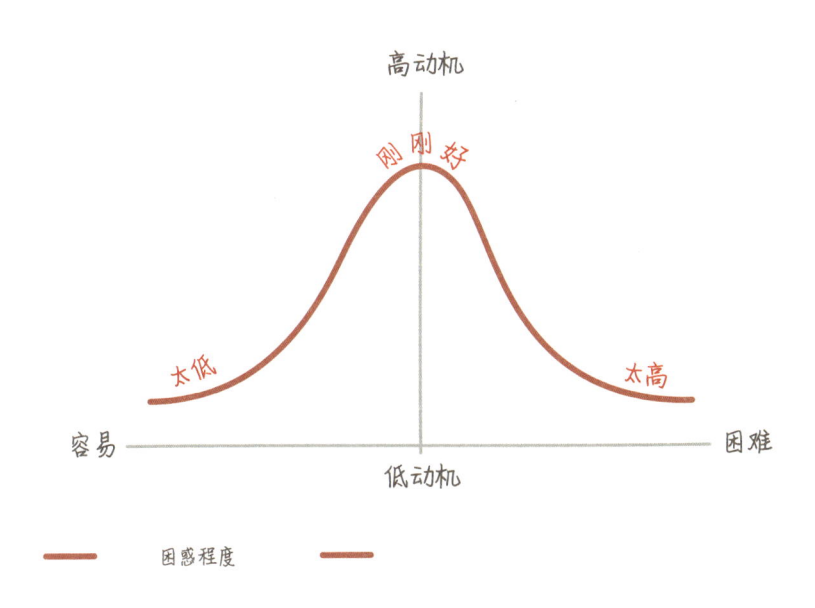

图中：高动机、刚刚好、太低、太高、容易、困难、低动机、困惑程度

感到困惑时，我们正在经历心理学家让·皮亚杰所说的"认知失衡"。[3] 我们会遇到与现有思维模式不符的新信息。这促使我们深入挖掘，超越现有知识，从而更全面地了解事物的运作方式。

举个例子，当我们只会加法和减法的时候，要怎么学习除法呢？除法这种处理数字的新方法和我们过去所了解的数学知识没有直接关系。它向我们发出挑战，让我们扩展看待世界的方式，增加思维工具箱的新视角。或者，考虑一下学习一项新技能时的感觉，比如编程，或是玩一款有挑战的新出的电子游戏。所有这些例子都说明，认知失衡对成长极其重要。

我们可以选择避免出现这些认知失衡的时刻，也可以寻找并拥抱它们。我们过去习惯于规避，是因为这种感觉不太舒服。我们要花更多的精力，如果犯了错误，还要受到惩罚。但是，当我们接纳认知失衡时，它也能点亮我们的好奇心，推动我们寻找新的答案。

通过联结进行学习

当一个新想法被孤立地提出时，我们很难接受认知失衡的感觉。这就解释了为什么学生在学校会感到无聊和沮丧。当我们脱离了实际场景而孤立地教孩子数学这样的科目时，他们很难理解这些知识是如何组合在一起的。这可能会让数学显得难以理解、毫无意义。

> 让孩子们进行有成效的斗争，给他们机会理清自己的困惑。

真正的学习来自对于不同学科之间的相关性和相互影响的理解。如果我们将数学的教学看成对各种关系的探索，并引导学生发现规律,这个过程就会变得富有创造性,实用性和相关性也会得到突显。

一开始,这种学科教学方式的改变可能听起来过于困难。教师怎么会有时间呢?幸运的是,微小的调整就能带来巨大的变化。

有一种方法是利用现实世界中孩子们已经感到好奇的事情。如果你的孩子对买东西感兴趣,那么,这正是教他们认识钱和学习算术的机会。当他们对计算更大的数字感兴趣时,你就可以向他们介绍计算器。也许他们对太空和《星球大战》的兴趣会激发他们对时空旅行的兴趣。或者,如果他们对恐龙感兴趣,他们可能会想了解几十年、几百年、几千年的时间跨度……你懂的,通过联结进行学习,既有趣,又自然。

案例研究:综合课

教学的目标应该是帮助孩子们改变他们的视角,让他们把困难的问题看成令人兴奋的机会。

想象一下埃隆·马斯克这样的建设者是如何应对棘手问题的。其他人可能会疲于应付汽车生产、太阳能和太空旅行相关的所有细节,马斯克却会因挑战而兴奋。他拥有处理复杂问题的独特能力，而这不仅仅是因为他的智商高。除了高智商，马斯克的思维方式也赋予了他这样的优势。他能够以好奇心应对困惑。

马斯克看到了这种思维方式的价值，并希望建立一所学校，培养孩子们的这种思维方式。于是，他聘请自己孩子学校的老师乔舒亚·达恩（Joshua Dahn）在 SpaceX[①] 的园区里设计了一种新的教育方法，后来发展为 Ad Astra 学校[②]。[4]

Ad Astra 最受欢迎的课程是综合课（Synthesis）。这门课背后的想法很简单，也很聪明：如果我们想帮助孩子们解决棘手的问题，就让他们去实践吧。

乔舒亚·达恩设计了一系列复杂的团队游戏。学生们竞相为特斯拉设计最佳超级充电器网络，为推动美国经济发展设计最佳登月投资项目。综合课深受学生们的欢迎。学生们充满困惑，但乐在其中。

模拟游戏不断变化，有新的规则、新的得分变量和新的目标。综合课让孩子们在没有任何指导或指示的情况下勇敢地面对挑战，鼓励他们自己想办法。这是一次让孩子们拥抱混乱、探索疯狂想法、提出别人没有想到的解决方案的机会。

> 真正的学习来自对于不同学科之间的相关性和相互影响的理解。

综合课之所以有效，是因为它能以独特的方式帮助孩子们解

---

① 美国太空探索技术公司，由埃隆·马斯克建立。——编者注
② 现已更名为 Astra Nova。——译者注

决困惑。接下来让我们看看任何人都可以使用的关于困惑的三大原则。

探索困惑的三大原则

首先，要让孩子们接触困惑。 鼓励孩子们解决更难的数学问题或阅读具有挑战性的书籍。让他们探索复杂的想法，帮助他们理解。他们在探索时会感到困惑，这没关系。当他们玩新游戏时，不要急于告诉他们游戏规则，要给他们机会自己摸索。随着时间的推移，他们会开始喜欢上这个游戏。

其次，要彻底改变与孩子们谈论困惑的方式。 确保他们明白，困惑并不等同于失败或无能。强调困惑在学习过程中的重要性和相关性，让孩子们以兴奋和好奇的态度应对困惑时刻。

最后，当孩子们感到困惑时，不要跳出来帮忙。 我们以为自己在帮助他们，不让他们感到痛苦，但实际上，达到的效果恰恰相反。应该让孩子们进行有成效的斗争，给他们机会理清自己的困惑。可以支持他们，但要控制住帮忙的冲动。

接触适量的困惑会带来巨大的益处。孩子们在适当的环境中体验到的困惑越多，他们就越愿意克服不知道的感觉，而这是当今世界一项关键的生存技能。

> 要给孩子们提供拥抱混乱、探索疯狂想法、提出别人没有想到的解决方案的机会。

高奖赏区

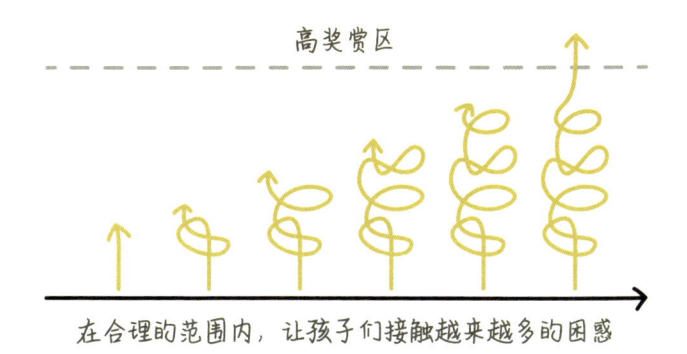

在合理的范围内，让孩子们接触越来越多的困惑

让孩子们经历困惑，就是让他们体验真实的世界。让他们有机会在风险较低的时候学会处理复杂问题，以便他们做好心理准备，日后应对更关键的时刻。我们不能让他们只做轻松的工作——这只是让人一时感觉良好，从长远来看是有害无益的。看着孩子们在困惑中挣扎，我们会感到不舒服，却忘了在大多数情况下，他们其实是很享受这种感觉的。

只要看过他们玩最喜欢的电子游戏时的状态，就能理解这一点。游戏的乐趣大多来自在意想不到的情况下找出解决问题的方法。事实上，一旦他们打通关了，通常就会放下这款游戏，去玩别的了。适度的困惑是孩子们投入其中的关键。

试想：如果我们能从游戏设计中汲取灵感呢？如果我们能创造出具有吸引力和挑战性、让孩子们流连忘返的学习体验呢？在下一部分中，我们将探索游戏的力量。

第三部分

利用游戏的力量

第十一章

根据游戏原则
设计学习体验

曾经有一位家长告诉我,她担心自己 10 岁的儿子记忆力有问题。我问她为什么,她说孩子记不住美国 50 个州的首府名字和细胞的各部分名称。我很惊讶她会这么说,毕竟这个孩子对每一张神奇宝贝卡都了如指掌。

问题根本不在于这个孩子的记忆力,而在于他对学习美国各州的首府没有兴趣。我们问他这个问题的时候,他告诉我们:"我更愿意了解巴拿马的一些省市,因为我在那些地方生活过。"我的学生说得有道理!

我在各个年级都观察到了这种现象:孩子们对他们觉得没用的东西缺乏兴趣。那么,我们怎样才能重新点燃孩子们的学习热情呢?数学家和教育家西摩·帕佩特(Seymour Papert)为我们指出了正确的方向:

> 每个电子游戏设计者都知道课程设计者似乎不明白的一些事情。你永远不会看到电子游戏的宣传语是"简单"。不喜欢上学的孩子会告诉你,这并不是因为学习太难,而是因为学习太无聊。[1]

我们可以从游戏设计师身上学到很多东西。他们确实知道如何让孩子参与其中。他们创造的体验能够吸引孩子，促使他们不断尝试，即使遭遇失败也不愿放弃。

在本章中，我将探讨电子游戏中的三个原则——心流、内在的有趣挑战和超级马力欧效应——家长和教育工作者可以利用它们来设计吸引人的学习体验。我还将探讨游戏的益处。

心流——电子游戏的参与感

为什么游戏如此吸引人？

知名电子游戏设计师简·麦戈尼格尔教授说，因为电子游戏让我们处于一种"介于无聊和不知所措之间的完美状态"[2]。她进一步说道：

> 你打游戏的技术水平是不稳定的。你总想保持高水准，一旦有所下降，你就会想要追上来。[3]

换句话说，游戏会让我们处于心理学中所说的"心流状态"。

心理学家米哈里·契克森米哈赖发现了心流。他在第二次世界大战期间的欧洲长大，对于许多成年人在经历战争创伤后努力过上正常、令人满意的生活深有感触。[4] 因此，他决定研究是什么造就了有价值的人生。

契克森米哈赖开创了一种新的研究方法，即"经验取样法"。[5] 他要求人们在一天中随机记录自己的活动、情绪和其他指标。通过对这些信息数据的广泛研究，契克森米哈赖发现，人们在最享受的时候会描述同样的状态。他把这种状态叫作"心流"。

我们在心流状态中会全神贯注于一项任务。我们完全意识到当下，觉得自己完全处于掌控之中，时间过得很快。

游戏设计师会努力开发有利于实现心流体验的游戏。[6] 这就是游戏如此吸引人的主要原因——它能让玩家轻松进入状态。要进入心流状态，你需要三样东西：

1. 清晰的目标：你需要有明确的目的。
2. 明确的反馈：你可以通过反复试验找出改进的方法。
3. 恰到好处的挑战：你的任务不能太简单，也不能太难。[7]

最重要的是，心流能让游戏变成具有内在价值的体验。人们会追寻心流，是因为心流能带来享受，而这是获得奖杯或其他奖励替代不了的。

> 我们可以从游戏设计师身上学到很多东西。他们创造的体验能够吸引孩子，促使他们不断尝试，即使遭遇失败也不愿放弃。

明确的反馈　　清晰的目标　　恰到好处的挑战

心流

游戏设计师利用这些策略让玩家的注意力全部集中在游戏上。我们可能会认为，专注力与原始意志力的关系更大。但实际上，游戏设计师是通过精心设计的情境来吸引我们的大脑进入心流状态，从而赢得我们的注意力的。

孩子们通过玩电子游戏掌握了复杂的技能，比如批判性思维、解决问题的能力、应变能力、协作能力等等。那么，为什么他们中的很多人在课堂上学得很吃力呢？因为与游戏不同，课堂并不能让他们产生心流：

- 即使有很好的教案，课堂的目标对孩子来说也不够清晰。
- 反馈模棱两可，孩子们能看到老师不高兴，但不知道为什么。
- 挑战无法因人而异，对有些孩子来说太简单，但对另一些孩子来说又太难。

遗憾的是，一种新的趋势使情况变得更糟了：老师会给完成任务或在课堂活动中表现出色的好学生发放积分和奖品。虽然这些机制在学校作业中加入了一些游戏化的表面元素，但它们完全忽略了游戏真正引人入胜的精神所在。

游戏化还是积分化？

世界各地的教师都在尝试将课堂教学游戏化，看看墙上的学生排行榜，或者学生收集到课桌角落里的贴纸，就知道了。学生们用良好行为换取比萨派对，用学习时长换取玩游戏的机会。

不光是老师，父母在家里也尝试使用这种"战术"。我记得我妈妈曾经尝试使用奖励贴纸的方式让我打扫房间和做作业。这种方法很管用！但它只奏效了一个星期。

甚至像亚马逊这样的公司也尝试着把工作游戏化，使员工更有激情地工作。正如一位记者所报道的那样，亚马逊员工组装订单和搬运物品的实际行动被转化为游戏中的虚拟动作——一个人挑选物品并将其放入箱子的速度越快，他的虚拟汽车在轨道上行驶的速度也就越快。[8] 亚马逊公司希望用这种方法让员工对艰苦、枯燥的劳动更感兴趣。

> 孩子们需要的是与他们的兴趣相关的、有意义的挑战，而不是无意义的奖励。

但这些策略根本不是游戏。我们不能仅仅靠增设排名体系就指望学生们更喜欢学习。孩子们需要的是与他们的兴趣相关的、有意义的挑战,而不是无意义的奖励。

人们称这些策略为"游戏化",但其实它们只能叫作"积分化"。[9] 积分化与外部激励息息相关,它让人获得的是自由时间、美味的食物或虚荣心。它将积分、徽章和排行榜等游戏中最不重要的东西,变成了体验的核心。

问题不在于积分化行不通,而在于它不具有可持续性。

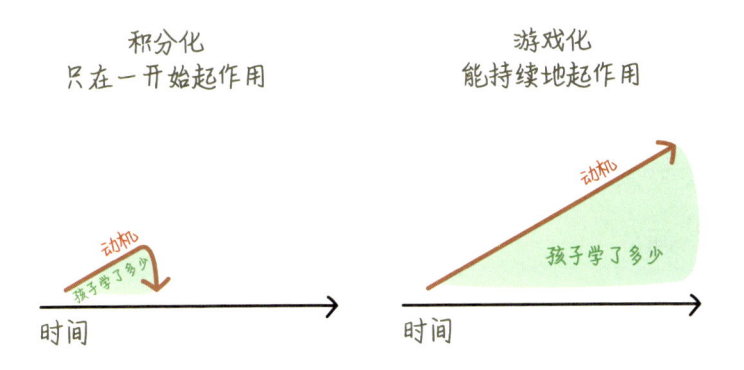

积分化
只在一开始起作用

游戏化
能持续地起作用

动机
孩子学了多少
时间

动机
孩子学了多少
时间

虽然积分化可能会在短期内帮助调整孩子的某些行为,但在培养孩子的实际技能和知识上,它的效果并不持久。这是因为它在教孩子们热爱奖励,而不是引导和培养他们对学习本身的热爱。

积分化忽略了游戏能有效促进学习的核心,而真正的游戏化运作方式与之大相径庭。

内在的有趣挑战——纽约公共图书馆

在真正的游戏中，玩家的动机不仅仅是能够得到奖品或奖励。他们玩游戏是出于真正的兴趣。即使没有积分和奖品，游戏对他们也仍然很有吸引力。麦戈尼格尔这样描述优质游戏设计的目标：

> 什么才是完美的挑战？它能激发我们的最佳状态，让我们全神贯注，乐观地相信自己能够成功，但同时又充满好奇，因为我们觉得自己还有成长和进步的空间。[10]

我喜欢麦戈尼格尔在帕特里克·奥萧纳西（Patrick O'Shaughnessy）的播客节目中分享的例子。[11] 纽约公共图书馆请她帮助解决"年轻人不再来实体图书馆"这个问题。该图书馆曾试图利用借书积分和访问分馆徽章来解决这个问题。但这只是积分化，短期可能有效，但效果并不持久。

为什么？

因为积分和徽章并不能从本质上吸引年轻读者。当然，有些人会参与。但又有多少人会仅仅因为借阅一本书能获得积分而与图书馆建立起有意义的关系呢？正如麦戈尼格尔所说：

> 我们需要搞清楚对年轻人来说真正的挑战是什么，然后给他们提供挑战的机会。[12]

麦戈尼格尔根据她对真正的游戏化的理解提出了一套解决方案。通过研究，她发现 92% 的 30 岁以下的美国人希望有一天能写出一本书。[13] 因此，她建议该图书馆设计一款游戏，将年轻人变成作家。

游戏的内容是在这个图书馆的地下楼层里进行通宵挑战。图书馆在正常工作时间之外邀请客人到访，并引导他们前往一个不对公众开放的地下房间，然后把他们锁在房间里！

在获准离开之前，每位参与者都必须写一本书。这是一项紧张而极端的挑战，但参与者都非常兴奋。他们在这个图书馆里度过了无数个小时。这个游戏提供了有意义的奖励，值得读者参与。参与者被吸引到图书馆里度过时光，并对这个地方产生了新的感情。

这才是真正的游戏化——玩家们觉得他们真正得到了自己想要的东西。游戏的奖励与这些人真正渴望的东西息息相关。因此，创造真正的游戏的诀窍在于弄清受众对什么感兴趣，并利用这一点。这就要想出一个让玩家身临其境的挑战，从而让他们进入心流状态。[14]

　　精心设计的游戏能让人更投入、更兴奋、更充实。除了这些明显的好处，更令人惊叹的是：*即使我们失败了，优质的游戏也能吸引我们再玩一次，持续让我们感到兴奋。*即使屡战屡败，玩家也会反复玩那些具有挑战性的关卡。这背后的原因是什么？我们来探究一下。

超级马力欧效应

　　没有人喜欢失败。但孩子们在玩电子游戏时，无论失败了多少次，都还喜欢继续玩下去。这又是为什么呢？

　　马克·罗伯曾是美国国家航空航天局和苹果公司的工程师，现在是一位网络科学达人。他曾做过一个实验，试图解释孩子们屡败屡战玩游戏的现象。[15]

　　他让5万名参与者尝试解决一个计算机编程难题。他设计了两个不同版本的挑战。在第一个版本中，参与者如果没有成功，就会收到一条信息："*挑战失败，请再试一次。*"他们不会因为失败而被扣分。在第二个版本中，参与者如果没有成功，则会收到："*挑战失败，扣5分。你还有195分。请再试一次。*"

　　那些因尝试失败而被扣分的人最终的成功率约为52%，而那些没有因尝试失败而被扣分的人最终的成功率为 68%——这组参与者尝试解题的次数几乎是前者的 2.5 倍。也就是说，他们在更多的试错中学到了更多，最终也取得了更好的结果。

我从罗伯的实验中得到的启示是，人们如果不会因为失败而受到什么惩罚，就更有可能继续尝试。而他们不断尝试之后，就更有可能取得最终的成功。这听起来简单明了，但在学校里我们却不这样做。学校教育孩子们，如果他们努力却失败了，就会得到不良记录，受到惩罚。

> 人们如果不会因为失败而受到什么惩罚，就更有可能继续尝试。而他们不断尝试之后，就更有可能取得最终的成功。

如果我们重塑学习过程，让孩子们不再担心失败，会怎么样？他们能学到更多吗？能取得更大的成功吗？

马克·罗伯把这种现象叫作"超级马力欧效应"。在《超级马力欧》游戏中，玩家专注于营救公主（最终目标），而不是那些坑洞（错误和失败），所以他们能坚持完成任务并从中学到很多。[16]

在这个游戏中，最重要的是到达终点并赢得游戏，尝试的次数不重要，失败被视为学习过程的一部分。孩子们知道，每一次失败都能让他们了解下一步该怎么做。通过不断地尝试和犯错，孩子们可以在很短的时间内学到很多东西，变得非常优秀。

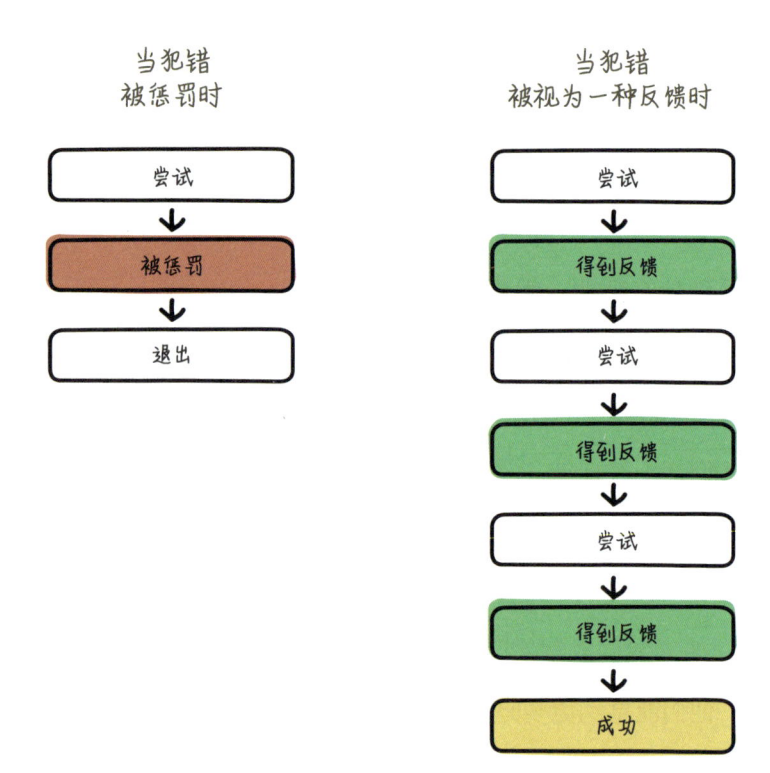

当犯错被惩罚时	当犯错被视为一种反馈时
尝试 → 被惩罚 → 退出	尝试 → 得到反馈 → 尝试 → 得到反馈 → 尝试 → 得到反馈 → 成功

当我们利用超级马力欧效应来设计学习挑战时，孩子们实际上会想要继续学习。他们会很自然地无视失败，站起来，再试一次。

我们需要对犯错习以为常并拥有从错误中学习的能力。毕竟，我们今天所推崇的大多数人物、产品和想法都曾经历过失败。J.K. 罗琳在为《哈利·波特》找到出版商之前，曾被拒绝过12次。[17] 发明家詹姆斯·戴森在最终推出著名的戴森吸尘器之前，创造了 5 216 个版本的吸尘器。[18] 这些事实说明的道理显而易见：我们要推动孩子们追求自己的最终目标，而不要把成绩放在首位，也不要管他们得花费多少心力才能实现目标。

游戏可以帮助我们做到这一点——将孩子们的注意力从短期的分数或成绩转移到他们的最终目标上。

电子游戏的益处

在美国，超过 70% 的孩子每天都在玩电子游戏。[19] 当然，这一惊人的统计数字可能预示着一些非常糟糕的事情：孩子们已经上瘾了？在下一章中，我将更深入地探讨这个问题，但在这里，让我们相信孩子们喜欢电子游戏是有原因的。

物理学家大卫·多伊奇（David Deutsch）认为，电子游戏有助于孩子们学习如何思考。其他事情可能会教孩子们一些知识或某项技能，而电子游戏能教给他们更有价值的东西：如何与世界互动。

电子游戏本质上是一种模拟。它让孩子们有机会练习如何解决反映现实生活的复杂问题。在游戏中获胜所需的思维技巧能为他们成年后的成功奠定基础。

例如，电子游戏帮助企业家托比·吕特克（Tobi Lütke）建立了 Shopify（一个加拿大电商服务平台）。《星际争霸》等游戏教会了他如何制定战略、管理资源和进行长期投资，而他在担任首席执行官时直接应用了这些经验。

> 为孩子们创造一个不断迭代的环境，让他们有足够的机会取得进步。

通过游戏学习的好处远远超过了任何具体的课程。游戏的真正价值在于教会孩子们如何自我教育。用多伊奇的话来说："你可以从电子游戏中学到很多思维技巧，而这些技巧对于学习其他任何东西都有好处。"

正因如此，多伊奇表示，电子游戏注定会成为人类有史以来重要的学习手段。它为我们提供了人类从未有过的东西，即"一种低成本、零风险的交互式复杂实体"。

这个想法不错，让我们来解读一下。

1. 复杂性

你几乎可以从电子游戏中学到任何东西。电子游戏就像书籍一样，也是存储和传递人类知识的一种媒介。书籍和电子游戏都很复杂，但电子游戏还具有互动性。

2. 交互式

书本上的东西无法直接实践，电子游戏却可以。你可以从行动中学习，可以犯错并从纠正错误的过程中学习。这样来看，玩电子游戏就像学习弹钢琴，但效果更好。

3. 零风险

学习钢琴是互动式的，但需要花费很多时间，而且很少有人能成为职业钢琴家。这是一个有风险的项目。而玩电子游戏就像在与人对话，你可以一头扎进去学习，又不用担心浪费一大笔投资。

4. 低成本

对孩子来说，对话通常是有成本的——孩子们害怕在与大人交谈时显得愚蠢或惹上麻烦。事情本不该如此，但这就是他们从学校里学到的东西。然而，电子游戏的成本几乎为零。你可以犯很多错误，从尝试和错误中学习，然后继续玩下去。

也许我们应该反思一下如何让孩子们在游戏中学习。家长们不会费尽心思让孩子们在玩《马力欧赛车》（Mario Kart）、《我的世界》（Minecraft）或《终极虚拟宇宙》（Roblox）的过程中提高技能，但如果我们以同样的方式设计教育，会怎样呢？

设计学习游戏的五个原则

只要稍加创新，我们就能让学习看起来更像一场游戏。以下是将教学工作转变为游戏的五个原则：

第一，围绕孩子们真正的兴趣设定目标。麦戈尼格尔是这样说的:"你要寻找的是能够激发人们最好的一面的挑战,这样当他们完成挑战时,会觉得这是一项有意义的、史诗般的成就。"例如,很少有孩子愿意用作业纸练习写字,但很多孩子喜欢写故事!

第二,设置一个不必要的障碍,让孩子们自愿去解决。在很多方面,这就是任务和游戏的区别所在。我们是在强迫他们做什么,还是让他们自己选择一项有趣的活动?请思考:以下哪个写作提示听起来更像游戏?

- "中午之前写完你的故事,否则你就没有玩 iPad(苹果平板电脑)的时间了!"
- "让我们看看谁能写出关于奶奶和乌龟的最疯狂的故事?"

这两个写作提示都是为了帮助孩子练习写作,但第二个更有可能起作用。它提供的是一个玩游戏的机会,而不是强迫孩子们做作业。

第三,选择合适的难度。对于创意性的写作挑战,可以调整要求的字数或词汇难度。在设计游戏时,既不能太容易,也不能太难,否则会让孩子们感到无聊或沮丧。要让他们全身心地投入,兴奋不已,同时还有点困惑。

第四,建立一个可靠的反馈系统,让孩子们从失败中吸取教训。这个系统可以非常简单。你可以让他们把自己写的故事读给你听，然后分享你的想法。有时，最有效的反馈方式是问他们："你觉得怎样才能让你的故事更好？"孩子们往往是他们自己最好的批评者。最重要的是，当他们的故事不符合你的标准时，要确保他们不会受到某种形式的忽视。哪怕是一点点的羞愧也会让他们的经历变味，从而打消他们再次尝试的念头。关键是要为孩子们创造一个不断迭代的环境，让他们有足够的机会取得进步。

第五，设置真实的奖励。正如我们已经讨论过的，如果奖励设计得不好，可能会损害孩子们的心流状态。例如，如果

> 如果我们重塑学习过程，让孩子们不再担心失败，会怎么样？

你的孩子写了一个好故事，你就让他额外玩 20 分钟的 iPad 作为奖励。在这种情况下，故事和奖励是脱节的。他会因为被其他事情分心而难以真正地学习。假设他正在写一个关于奶奶的故事。在这种情况下，一个好的奖励是去看望奶奶并给她读自己写的故事。这种奖励可以鼓励孩子深入参与项目，而不是分散他的注意力。

有了这五个原则，我们就能颠覆如今的学习方式。我们可以为孩子们创造真正的游戏，让游戏与他们的兴趣紧密相关，鼓励他们深入研究，应对真正的挑战，从尝试和犯错中学习，并从自己的努力中感受到真正的满足，而不是向他们布置无聊

或令人沮丧的任务。

游戏设计为家长和教育工作者提供了一个难得的机会，使他们能够创造出吸引人的体验，关注孩子们真正的兴趣，并鼓励孩子们在失败之后勇往直前。

但是，游戏也可能有消极的一面。它们会让人上瘾吗？会诱发攻击性行为吗？如果孩子们对游戏爱不释手，以至于不再与现实世界接触，那该怎么办？接下来就让我们探讨一下，如何让孩子们拥有健康的游戏心理。

第十二章

健康游戏心理学

据统计，美国孩子平均每天使用电子产品的时间有7.5个小时[1]，包括观看视频、浏览社交媒体、进入在线聊天室聊天、玩游戏的时间等等。为什么这些活动如此吸引人？是因为这些活动容易让人上瘾，还是因为孩子们缺乏自制力？

在本章中，我将探讨为什么孩子们喜欢在屏幕前的时间。我还将讨论其中的深层心理因素，并谈谈如何帮助孩子们与科技建立健康的关系。最后，我将特别谈谈电子游戏以及如何鼓励孩子在享受其益处的同时避免其弊端。

首先，我们需要回答一个重要的问题：是什么在激励我们？是什么驱使我们去做每件事情？

动机和自我决定理论

自我决定理论认为，人类的动机由三个方面组成：

1. 自主性：自己做出选择。
2. 胜任感：掌握技能和知识。

3. **归属感**：与志同道合的同伴建立联系。[2]

我们渴望这些体验，就像我们的身体渴望蛋白质、碳水化合物和脂肪一样。如果饮食不当，我们的身体就会垮掉。同样，如果我们不给自己的心理提供自主性、胜任感和归属感，我们的心理健康也会受到影响。

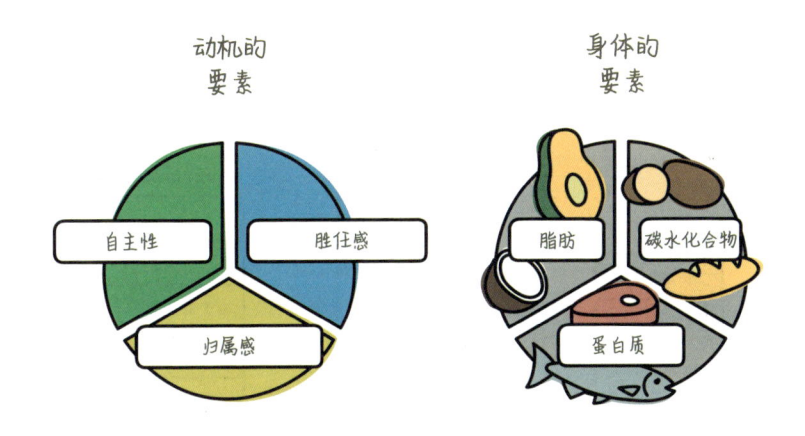

动机的要素：自主性、胜任感、归属感

身体的要素：脂肪、碳水化合物、蛋白质

遗憾的是，许多孩子并没有获得足够的这些重要体验。正如作家尼尔·埃亚尔在他的《不可打扰》一书中所说：

> 孩子们醒着的大部分时间都在学校里度过，而学校在很多方面都无法让孩子们感受到自主性、胜任感和归属感，并且往往与之背道而驰。[3]

这就产生了一个有趣的问题：孩子们在网上寻找补充品，

是因为他们在线下世界很难拥有自主性、胜任感和归属感吗？让我们通过观察孩子们在学校里的日常生活，并将其与他们上网时的活动进行比较，来回答这个问题。

日常上学时的动机 vs 上网时的动机

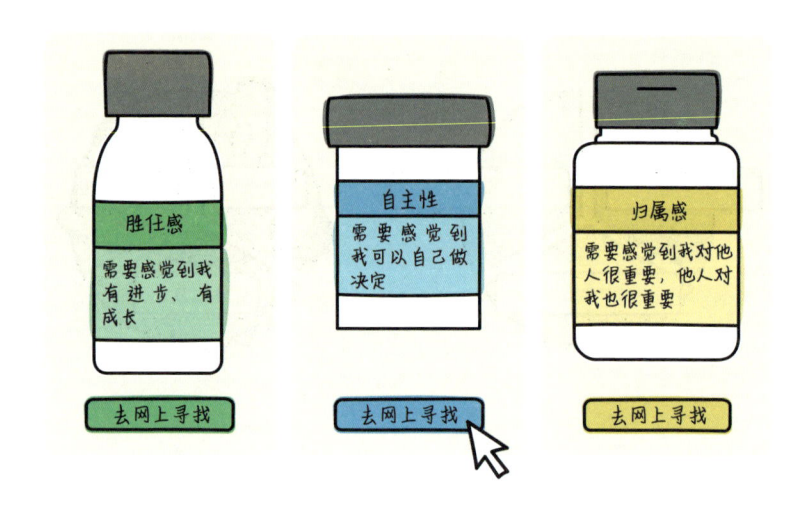

胜任感
需要感觉到我有进步、有成长
去网上寻找

自主性
需要感觉到我可以自己做决定
去网上寻找

归属感
需要感觉到我对他人很重要，他人对我也很重要
去网上寻找

自主性

在学校里，大多数事情有严格的规定。孩子们被告知要做什么、想什么，甚至要穿什么！一项调查发现，一个普通的美国孩子要遵守的限制规定的数量是被监禁的重刑犯要遵守的两倍（我知道这很疯狂！）。[4]

相比之下，孩子们在网上拥有很强的自主性。他们可以做出选择（比如玩什么、和谁玩），深入研究自己感兴趣的东西，并做出自己的决定（比如用什么样子的头像）。在网上，他们受到的成人的控制和监视要少得多。

胜任感

孩子千差万别，我们不能指望他们都以同样的方式学习，也不能把他们强塞进同一个盒子里。近年来对指标、标准和"一刀切"式课程的痴迷，使孩子们很难在学校里体验到胜任感。

在互联网上，孩子们可以学习任何他们想学的东西，而自学新的科目会让他们对自己的自学能力充满信心。许多人喜欢玩电子游戏，因为这些游戏的设计目的就是让人产生胜任感和成就感。

归属感

家长送孩子们去上学的主要目的之一是让他们交朋友，培养他们的社交技能。遗憾的是，孩子们在学校里并没有那么多时间进行社交。紧凑的课程安排和广泛的课程设置让孩子们几乎没有时间玩耍和交流。

而在互联网上，人们更容易找到志同道合的人。互联网就像一个大操场，人们可以在这里通过共同的兴趣爱好建立联系。

孩子们可以在这里通过自由玩耍建立友谊。他们可以一起花几个小时玩游戏，做自己选择的项目。

难怪孩子们要花那么多时间上网！互联网提供了他们在日常生活中很少体会到的自主性、胜任感和归属感。但是，当电子产品从一个重要的情绪出口变成不健康的痴迷时，该怎么办呢？有七种策略可以帮助孩子们的生活不被电子产品占据。

帮助孩子们合理使用电子产品的七个策略

第一，和孩子们一起讨论电子产品的利弊。不要在没有给出充分理由的情况下制定规则，因为那样非常容易让孩子们感到沮丧！更好的做法是，家长和孩子一起讨论科技的优劣：它能带来什么好处以及需要人们付出什么代价。我们的目标是让孩子们学会自己正确使用电子产品，当我们不在他们身边时，他们也能做对自己有益的事情，而不过度使用任何电子产品。

第二，表示你理解他们的挣扎。比如在给出建议之前，我们可以先诚恳地和他们聊聊。我们可以说："整天被人指手画脚一定很难受。当你玩《我的世界》的时候，可以选择做自己想做的事情，那种感觉一定很好。"当孩子们感到被理解时，他们会更容易接受我们的建议，并能更好地分配时间。

第三，承认你也会面对类似的挑战。我们可以和他们分享自己的问题："我发现我早上一睁眼就开始玩手机，浪费了很多时间。起床后，我打算好好看会儿书了。"这样既能为孩子正确使用电子产品树立榜样，又能通过示弱与孩子建立信任。

第四，以支持孩子们的自主性的方式对待电子产品。不要制定很多限制孩子们发挥自主性的规则。要以合作的方式与孩子们共同制定电子产品的使用规则。千万不要彻底否定他们上网做的事情。你可以花时间和他们一起上网，对他们喜欢的东西表示出兴趣。在做出限制之前，要先学会重视他们所重视的东西。

第五，为孩子们提供在现实世界中获得满足的机会。让孩子们有机会在线上和线下都拥有自主性、胜任感和归属感。少进行成人主导的活动，多给孩子们自由的时间，让他们探索多种爱好，组织大量的朋友聚会。

第六，鼓励他们多创造，少消耗。当你的孩子上网时，鼓励他们学习、制作、社交和创造。这样做的目的是减少他们观看视频的时间，增加他们学习编程的时间；减少他们浏览社交媒体的时间，增加他们进行创作的时间。

第七，给他们提供更好的东西。当你要求孩子停止使用电子产品时，确保他们有其他更好的选择。多进行丰富、有吸引力的家庭活动，这样孩子们就不会再想念他们的手机了。

与其总是为了孩子在电子产品上花费太多时间而感到抓狂，不如静下心来想一想：他们的动机是什么？我们怎样才能为他们找到更健康的享受体验？正如尼尔·埃亚尔所说：

> 要帮助孩子们建立复原力，而不是通过分散他们的注意力来避免不舒服的感觉。第一步是了解他们过度使用电子产品的真正原因。一旦我们的孩子感到自己被理解了，他们就会开始计划如何更好地利用自己的时间。[5]

我们的目标是将孩子们的线下世界和线上世界结合起来，让他们活得更健康、更充实。

让孩子们适度玩游戏的四个策略

上文讨论了如何合理地使用电子产品，那么，具体到玩电子游戏呢？长期以来，研究人员和家长们一直担心电子游戏的负面影响。[6]孩子们玩游戏会上瘾吗？他们如果花太多时间玩游戏，会不会永远学不会如何在现实世界中与人交往？孩子们在玩第一人称射击游戏时，往往要花费几个小时去杀死那些看起来像人的角色，这会诱发暴力行为吗？

> 孩子们在网上寻找补充品，是因为他们在线下世界很难拥有自主性、胜任感和归属感吗？

为了了解电子游戏对青少年有益或有害的原因，简·麦戈尼格尔对500多篇研究论文进行了综合分析。[7]她提出了家长可以用来帮助孩子适度玩游戏的四种策略。

第一，要研究孩子们是抱着逃避的心态玩游戏，还是带着某种目的玩游戏。麦戈尼格尔发现，决定性的因素是孩子们玩游戏的初衷。他们玩游戏是为了逃避现实生活，还是为了追求一个对他们来说重要的目标？

如果孩子们玩游戏是为了逃避，也就是为了阻挡不愉快的情绪或避免面对压力，那么他们很难将游戏技能应用到现实生活中。为了逃避而玩游戏往往会加重抑郁情绪、加剧社会隔离，甚至导致游戏成瘾。而带着某种目的玩游戏的孩子，可以与朋友和家人共度美好时光、学习新知识或提高技能，能够在现实世界中发挥他们在游戏中获得的优势。

第二，帮助孩子们将每周玩游戏的时间控制在合理范围内。当我们每天只玩一小会儿游戏，或每周只玩几个小时游戏时，游戏对我们的精神和情感都有益处。但如果玩游戏的时间太长，游戏的益处就会减少，我们的健康、人际关系和现实生活中的

> 一个普通的美国孩子要遵守的限制规定的数量是被监禁的重刑犯要遵守的两倍。

目标都会受到负面影响。

第三，颠倒顺序：先玩游戏，再学习。如果我们想让孩子们更好地掌握所学的知识，或许可以让他们先玩电子游戏，然后在睡觉前学习。虽然这听起来可能有悖常理，但研究表明，当我们进入梦乡后，大脑会将注意力集中在最近试图解决的最突出的问题上（想想《后翼弃兵》）。因此，颠倒顺序，先玩再学习，对于有些孩子而言可能会更好一点。

第四，避免孩子们在网上与陌生人玩攻击性强、竞争激烈的游戏。在网上与陌生人过度竞争会对社会产生负面影响，尤其是在玩像《使命召唤》(*Call of Duty*)这样以统治和破坏为主题的游戏时。但是，没有研究表明，与现实生活中认识的人一起玩《使命召唤》会增加玩家的敌意或攻击性。

如果我们的对手是自己认识的人，而不是有可能被我们非人化的陌生人，那么玩电子游戏产生的效果就会不同。经验表明，孩子们在网上打败陌生人的时间不应超过他们玩游戏时间的一半。他们最好与自己的朋友或家人玩竞技性较强的游戏，而与陌生人玩需要合作的游戏。

当我们担心孩子们过度使用电子产品时，我们会很想立即行动起来，开始执行硬性规定，但这种做法往往会使问题变得更加复杂。我们可能一不小心就剥夺了孩子们体验有意义的自

> 将孩子们的线下世界和线上世界结合起来，让他们活得更健康、更充实。

主性、胜任感和归属感的唯一机会。

正确的做法是，花时间了解孩子们使用电子产品的*原因*、方式以及哪些电子产品对他们的成长而言是健康的，哪些是不健康的。最重要的是，我们需要让孩子们参与到这个过程中来。

我们需要走近他们，给予他们发言权，与他们共同研究使用电子产品的利弊。我们可以成为解决方案的一部分，树立积极的榜样，告诉他们如何在现实世界中体验自主性、胜任感和归属感。

鼓励我们的孩子与电子产品建立健康的关系，将激发他们更多的成就感和力量感，而这两种情绪对于培养成功的孩子至关重要。

第四部分

如何培养成功的孩子

第十三章

和孩子一起承担后果

在生活中，做出选择就要接受结果，而这些结果有好有坏。我们需要为这些结果负责，否则就无法从错误中学到东西。换句话说，我们需要承担后果。

作家纳西姆·塔勒布这样描述"承担后果"：做出决策的人也应该承担相应的风险。[1] 我们不仅应该在取得好成绩时获得奖励，还应该在事情出错时负责处理后果。如果不需要承担后果，我们就没有机会改正错误。

在本章中，我将讨论为什么孩子和家长都应该在教育游戏中承担更多的责任。孩子们需要更多的机会来做出决定，并承担选择的结果。家长需要为孩子的学习承担更多责任。这样一来，孩子和家长都会体验到更多的成就感和参与感，并且学到更多的东西。

让孩子承担后果

从表面上看，学校要评价孩子们的行为。例如，学生不够努力，在学校里就无法取得好成绩。成绩单的确能给孩子们一些承担责任的机会。但从根本上说，孩子们并不买账。这是学校游戏，与孩子们的关系远不如生活游戏与他们的关系紧密。

孩子们渴望真实的东西。他们不想要更多的练习册和作业。他们想要解决反映真实世界的问题。他们想要投入到对自己真正有意义的事情中。

但是，让孩子们解决实际问题，也意味着让他们承受自己决定的结果。毕竟，这是现实生活中最难抉择的部分：当事情出错时，要面对后果。这可能听起来很可怕，但实际上，承担后果对学习有三个主要的好处。

第一，承担后果为真正的学习创造了适当的条件。当做的事风险很高时，我们的身体会将所有能量导向大脑。我们的精神视野会变得清晰，我们的思想会集中，动力会迸发。

> 孩子们渴望真实的东西。他们想要投入到对自己真正有意义的事情中。

第二，承担后果让学到的东西更难忘。我们的大脑会把从艰苦经历中学到的东西储存到神经网络中，而这些经验将伴随我们一生！

第三，承担后果让人学习起来更有激情。正如塔勒布所说，他在学校时并不喜欢统计学，但后来他学习了期权交易。[2] 突然之间，他的概率知识让他从损失数百万美元变成了赚到数百万美元！

当然，改善教育的关键并不是让孩子们掌管庞大的投资组合。虽然我们需要让他们体验高风险的情境，但这些情境要在反映现实的同时，确保不会导致改变他们命运的失败。

我们在第十章提到过的综合课就会为孩子们设计一系列复杂的挑战和难题。乔舒亚·达恩为综合课设计过一些议题。例如，如果你可以付给老师、消防员、士兵、警察或市长 1~5 美元，你会付给谁最多，为什么？

孩子们会对这类问题进行推理，他们的表现会令人大开眼界。他们必须考虑更深层次的问题：小镇有多大？老师关心学生吗？这位警察是否尊重社区居民？他们还要找到证据来支持自己的观点。

难题会促使孩子们理解应该如何取舍，在没有正确答案的世界里做出决定和判断，精心做出全面而又合理的解释，并认识到他们生活的世界并不是非黑即白的。

> 孩子们想要解决反映真实世界的问题。

这个议题很好，但乔舒亚认为，如果让孩子们承担后果，他们会学到更多。于是，他把议题变成了竞技模拟。[3]

在乔舒亚最初设计的议题中，学习围绕着对话展开。但在他设计的更先进的模拟任务中，孩子们可以练习实施自己的想法，并面对后续的结果。任务中有真正的赢家，也有真正的输家，竞争产生了真正的利害关系！

例如，在综合课的《全民艺术》(Art for All)游戏中，孩子们会竞拍不同的艺术品。他们的目标是策划一场人们会买票观看的收藏展。如果出价过高，他们就无法盈利；但如果出价过低，就无法买到最好的作品。在这个模拟游戏中，学生们必须精心制定策略、独立思考并迅速做出决定。

最重要的是，综合课的模拟任务让孩子们感受到了解决问题的乐趣。学生们可以体验经营电影制片厂、殖民太空、在海洋中捕捞等不同的活动。他们之所以能学到知识，是因为问题很有趣，而且他们要很投入地探求结果。

综合课的模拟任务为孩子们提供了一个独特的机会：他们可以练习解决真实的问题——这些问题反映了现实世界中真实的利害关系——却不会因为犯错而要承受长期的后果。

我们需要为孩子们提供更多这样的机会。他们不仅需要机会练习做出真实的决定，还需要在事情不如预期时做出反应。毕竟，这些都是他们成年后将面临的最艰巨的挑战。当他们的选择带来意想不到的后果时，他们会怎么做？如果孩子们从来没有遇到过这些问题，我们就不能指望他们将来在现实世界中很好地应对这些问题。

让父母承担后果

需要承担后果的不只是孩子,还有父母。

大多数父母把孩子送到学校后,都希望孩子能得到最好的教育,但把孩子的教育全部外包给学校体系并不是一个好主意。对于父母来说,承担后果可能意味着自己也要投入教育,需要教孩子一些东西,而不是将所有工作都委托给他人,一味地依赖学校和老师。

让我们来看看承担后果对父母如此重要的四个具体原因。

第一,承担后果能让孩子们感觉更加稳定。在学校里,孩子们不断地从一个班级转到另一个班级,从一个年级升到另一个年级,而所有这些变化都会让孩子们感到茫然和不解,但如果父母深入参与到他们的教育中,孩子们就有了一条贯穿始终的纽带。父母了解孩子,知道他们的长处和短处,能够始终如一地关爱他们。

第二,承担后果能让父母获得更多的见解。任何标准化考试的成绩或专家的意见都无法与父母亲自教导孩子所掌握的情况相比。有了切身体会,父母更容易做出艰难但必要的选择,让孩子在教育中取得优异的成绩。我们可以了解与孩子合作所

> 孩子们需要更多的机会来做出决定,并承担选择的结果。

> 参与孩子的教育可以让我们充分利用孩子幼年这段相对短暂的时间,直接影响他们的未来。

需的知识，为他们做出个性化的决定，帮助他们茁壮成长。

第三，承担后果能让父母帮助孩子弥补他们学习中的不足。 老师要同时负责教育几十个孩子。最优秀的老师会努力适应每个学生，但他们能做的有限。不可避免的是，有些学生会落在后面，有些学生会被拖后腿。但如果父母能参与到孩子的教育中来，就能为孩子提供更有针对性的学习体验。我们可以更多地关注孩子喜欢的科目，并在他们遇到困难时提供额外的帮助。

第四，承担后果能让父母尽可能多地与孩子在一起。 孩子们会与父母一起度过他们成长过程中最重要的阶段。作为父母，我们的身份是独特的，余生都有机会帮助孩子，让他们为未来做好准备。但是，在孩子幼年时期影响他们的机会转瞬即逝！参与孩子的教育可以让我们充分利用这段相对短暂的时间，直接影响他们的未来。

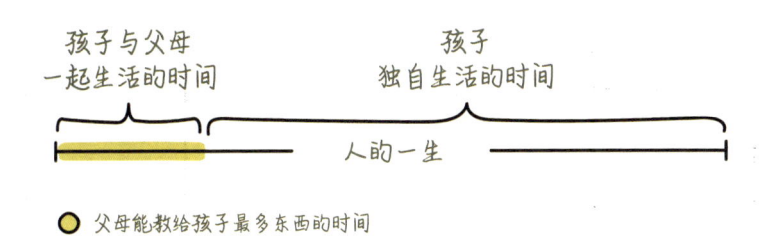

孩子与父母一起生活的时间 ｜ 孩子独自生活的时间

人的一生

● 父母能教给孩子最多东西的时间

综上所述，我们已经了解了为什么在家中对孩子进行辅助教育非常重要。那么，具体应该怎么做呢？

如何更多地承担后果

辅导功课让大多数家长感到紧张。许多人忙于工作和其他家庭琐事,日程表排得满满的,已经不堪重负。还有一些家长缺乏自信,因为他们不是训练有素的教育工作者。

这些担忧都是合理的。但实际上,你并不需要拥有教育学位或大量空闲时间才能参与孩子的教育。有两种极端的教育方式,一种是让孩子完全在家上学,家长自己完成所有的教学工作;另一种是让孩子上传统学校,家长将所有教育工作外包给他人。而在这两种极端之间,你有很多选择的余地。

承担后果的程度

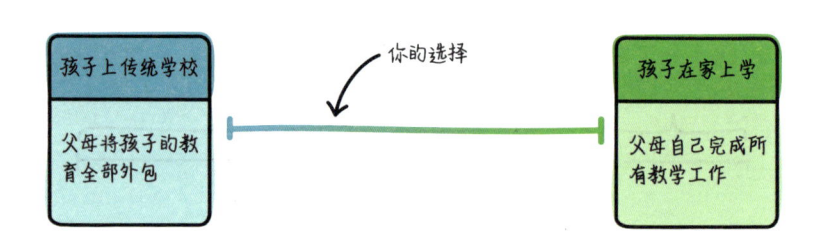

孩子上传统学校	你的选择	孩子在家上学
父母将孩子的教育全部外包	↓	父母自己完成所有教学工作

如上图所示,我们的目标是尽可能地从左侧转向右侧。但是,你并不需要一路走到让孩子在家上学的状态。这中间还有

很多余地。在你探索中间选项时，以下五点值得考虑。

第一，了解可供孩子选择的不同教育方案。你需要负责任地做出经过深思熟虑的决定，尝试不同的课程、方法和替代学校，看看什么适合你的孩子。你可以查看本书末尾所附的教学资源，了解一些建议。

第二，选择孩子在家可以学习的主题。你可以先从一门学科开始教学，这样相对容易得多。你可以选择你小时候喜欢的东西，或者你的孩子渴望了解的东西，它们也许是历史、文学、数学或编程。每周只需为此花上几个小时，就会产生很大的影响。你可能会做错一些事情，但参与教学才是最重要的。如果你没有足够的专业知识，可以借此机会与孩子一起学习新知识，一起入门！

第三，与孩子一起投入他们有激情的项目。也许你的孩子喜欢烘焙、建筑或网络编程，选择其中一项，与孩子一起做。如果你的孩子想跳舞，那就跟他们一起编排舞蹈。关键是与他们一起成长，树立积极的榜样，并让这件事保持有趣。

第四，不要强迫孩子改变主意。当你选择了最好的备选学校、科目或项目，而你的孩子却不喜欢时，那就请先放弃吧！毕竟如果你不喜欢某样东西，你就会放弃。也请给孩子同等的机会。记住，重要的是你参与了这个过程。

第五，不要责怪老师、学校或辅导员。出了问题，人会很容易推卸责任，但请你不要掉进这个陷阱。如果事情行不通，就直面挑战，寻找新的解决方案。这是承担后果的核心原则。

这些事看起来简单，实际做到却不容易。但我可以说，付出是绝对值得的。教育和生活一样，最有价值的事往往也是最难的事。

请记住，需要承担后果的人有两个：你和孩子。你们必须一起努力，才能平衡好这件事。

父母对孩子的教育承担一定的责任，孩子会受益匪浅；而如果孩子对自己的学习拥有一定的自主权，他们会受益更多。这意味着我们既要练习与孩子互动的艺术，又不能完全控制或过度保护他们。其中的关键就是培养孩子的反脆弱能力。

第十四章

培养孩子的反脆弱能力

我们希望孩子们受到保护、感到安全，但有时我们做得太过了。结果就是，这一代的孩子既敏感，又害怕风险，总是需要成年人来帮助他们解决问题，保护他们远离不适。[1]实际上，孩子们并不像我们想象的那样脆弱。

在本章中，我将探讨父母过度保护的弊端，讨论我们不让孩子经历困难和压力的本能是如何适得其反，为他们日后的生活埋下失败隐患的。我还将讨论让孩子尽早接触适度压力和合理风险的好处。

课堂上的脆弱

> 实际上，孩子们并不像我们想象的那样脆弱。他们越早学会面对困难和忍受痛苦，就越能为今后的人生做好准备。

看着孩子受苦并不容易，所以当孩子不开心时，成年人想要干预是很正常的。但在某些情况下，我们觉得自己在保护孩子，其实会适得其反。

被拒绝、失败、痛苦和不适是我们

都会经历的事。不遗余力地保护孩子免受这些事情的影响，并非明智之举。他们越早学会面对困难和忍受痛苦，就越能为今后的人生做好准备。

我在课堂上就遇到过这样的难题。我教过一些聪明但很难应对挫折的孩子——稍有不如意，他们就会痛苦不堪。我抑制住了干预的欲望，提醒自己，要让孩子们自己面对挑战，他们才会变得更加坚强，才能真的长大成人。

> 通过面对挑战、适度的痛苦和低风险的冲突，孩子们会变得更加坚强。

但我发现对班上一些孩子的家长来说，这件事并没有那么简单。一位家长曾经对我说：

> 法布雷加女士，请帮我说服我女儿今年不要参加才艺表演选拔赛。她坚持要跳独舞，但她还没准备好，我不想看到她受苦。

还有一位家长曾经这样要求：

> 如果你们在讨论9·11事件时请我的孩子离场，我会很感激。因为她很敏感，我希望她不要知道这件事。

以上只是众多父母保护孩子免受小挫折中的两个例子。虽然这些干预措施的出发点是好的，但可能会产生意想不到的后果。善意的行为与过度保护之间的界限很窄。

父母希望孩子们自己做决定,自己思考,自己解决问题,但他们又不愿意让孩子独立,担心孩子会出问题。长此以往,孩子们会受到伤害。

受到过度保护的孩子在没有成人干预的情况下无法承受失望。他们习惯了被帮助,一遇到挑战就会气馁。他们自卑,觉得自己什么都做不了。过度保护会让孩子觉得自己有资格脆弱不堪。

如果我们希望我们的孩子不要那么脆弱,就要培养他们的*反脆弱能力*。

反脆弱的力量

"反脆弱"是纳西姆·塔勒布创造的术语,它描述的是人们在充满压力和不确定性的状态中会变得更加强大的品质。[2] 与脆弱的人相反,反脆弱的人不会在压力中崩溃,而是会在压力中茁壮成长。

通过面对挑战、适度的痛苦和低风险的冲突,孩子们会变得更加坚强。让他们经历失败,经历生活中的跌宕起伏,他们慢慢就会做到最好。

> 无论我们如何努力,都无法避免孩子们遭遇坏事。

儿童天生就是反脆弱的,而我们的

任务就是继续培养他们的反脆弱能力,在他们面临适度压力时不加以干预。我们应该推动他们朝着反脆弱的方向继续努力!

我在课堂上就是这样做的。我喜欢看到我的学生变得更加坚强。在介入冲突前,我会先从远处观察。干预时,我会让他们先诉说情况,并教他们如何反思。我鼓励他们先尝试自己解决问题,再寻求我的帮助。孩子们需要面对挑战,所以我会尽量支持他们去冒险,比如我会说:"你当然应该加入篮球队!"

无论我们如何努力,都无法避免孩子们遭遇坏事。我们无法控制他们的生活。他们有时会失败,有时会感到痛苦。但只要失败和痛苦不是长期的,就会让他们变得更坚强、更有韧性。

要让孩子们体验不适,与难缠的人打交道。要让他们在相对安全的环境中,如学校或足球训练班中,承受一些碰撞和挫折。

就像让孩子们尽早接触细菌会帮助他们建立更强大的免疫系统一样,接触困难会帮助他们变得更加坚韧、独立和自信。

> 接触困难会帮助孩子们变得更加坚韧、独立和自信。

好的父母和好的老师一样，都需要掌握平衡的艺术。既要密切关注孩子，又不要过多干预他们；既要让孩子感到安全和受到保护，又不要过度保护他们。什么都不做往往比越界更好。

虽然一开始这对孩子和父母来说都很困难，但等将来孩子成长为反脆弱能力更强、更优秀的成年人时，他们自然会感谢父母。

培养孩子的反脆弱能力，目标不仅是让他们具有坚韧不拔的精神。我们当然希望孩子能够以坚韧不拔的精神面对生活中的各种起伏，但我们也希望孩子成长为成熟、有道德的成年人。通过让他们自己奋斗，我们会给他们提供一个塑造品格的机会。接下来就让我们讨论一下，如何像斯多葛学派那样培养孩子的品格。

> 好的父母和好的老师一样，都需要掌握平衡的艺术。

第十五章

像斯多葛学派那样培养孩子的品格

几千年来，老师为学生设立了远大的目标。他们不仅想要培养出记忆力强大的聪明孩子，更希望培养出品德高尚、善良的人。他们的目标是培养德才兼备的公民，带领社会在最艰难的岁月中进步。老师们将斯多葛主义作为他们最有力的工具之一教导学生。

斯多葛主义哲学起源于古希腊，其追随者被称为斯多葛学派。起初它是一种关于自然如何运作的理论性世界观，后来发展成为一种非常实用的生活指南。斯多葛学派教导人们自我控制、坚持不懈以及道德在美好生活中的重要性。

纵观历史，从罗马皇帝玛克斯·奥勒留到美国首任总统乔治·华盛顿，世界上很多伟大的领导者学习过斯多葛主义。时至今日，美国前总统比尔·克林顿、美国前国防部长詹姆斯·马蒂斯、演员安娜·肯德里克、橄榄球教练尼克·塞班以及作家 J.K. 罗琳等很多来自各行各业的成功人士仍在实践斯多葛主义。

今天，大多数人了解斯多葛主义，是通过自己研究，因为现代学校很少教授斯多葛学派的理论了。也许"斯多葛主义"

已与现代教育脱节，也许"哲学"听起来不切实际，也许"美德"的概念已经过时，但无论如何，我们都有必要让斯多葛主义重新回归教育领域。

我们需要重温斯多葛学派的古老教义，让品德培养成为学生学习经历中的重要组成部分。

在本章中，我将讲述斯多葛学派的思想美德及其对孩子们的益处。此外，我还将介绍四种实用的方法，帮助孩子们培养品德，让他们变得更强大。

斯多葛学派的四种美德

第一种美德是"勇敢"。勇敢是面对逆境时怀有勇气。勇敢并不意味着我们从不害怕，而是当我们害怕的时候，依然决定采取行动，而不是选择逃避。这是一种勇往直前、奋不顾身的意志。

第二种美德是"节制"。勇敢是美好的品德，但没必要什么风险都去冒。这是有范围的：最左边是懦弱，最右边是鲁莽，中间是勇敢。我们应该勇敢而不恐惧，但我们也应该避免犯蠢，这就是节制。

节制的区域

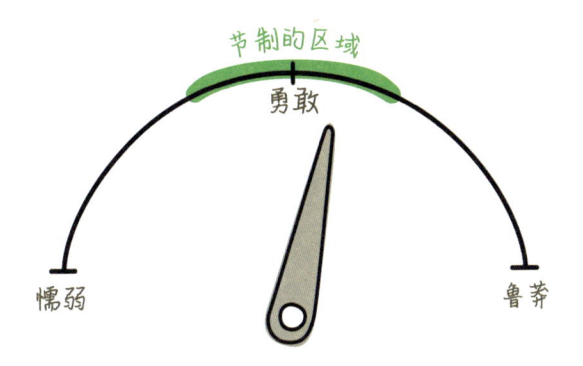

懦弱　勇敢　鲁莽

第三种美德是"正义"。对于斯多葛学派来说，正义是最高的美德。这意味着我们的存在不只是为了自己，更是为了他人。我们要以自己希望被对待的方式对待他人，以诚实、尊重和公平的态度行事。我们的一切行为都应该有益于社会。

第四种美德是"智慧"。智慧意味着让我们的哲学在现实世界中发挥作用。什么是适度的勇敢？在具体情况下，我们该如何公正行事？智慧帮助我们回答这些问题，让我们将美德思想转化为行动，并做出具有长远利益的选择。

勇敢、节制、正义和智慧，这四种美德可以为我们的决策提供指导。但是，我们怎样才能帮助孩子实现飞跃，把了解到的美德思想运用于生活中呢？以下是在日常生活中可以采用的四种策略。

> 我们需要重温斯多葛学派的古老教义，让品德培养成为学生学习经历中的重要组成部分。

应用斯多葛学派美德的四种策略

第一，给孩子们读英雄的故事。如果不知道具体的事例，孩子们就很难理解美德的好处。这就是故事的魅力所在，尤其是历史上的经典故事。

希腊神话就是为此设计的。你可以给孩子们讲讲赫拉克勒斯是如何放弃享乐和安逸，选择勇敢地生活的；或者讲讲奥德修斯是如何用智慧躲过独眼巨人等危险的敌人的。有了清晰的例子，孩子们就会更容易理解这些美德，看到它们的好处，并将它们融入自己的生活。

第二，帮助孩子们关注他们能够控制的事情。告诉孩子们，他们无法控制会发生什么事情，但可以控制自己的反应。有时，朋友们会对他们刻薄，但他们不一定要刻薄回去。

例如，教孩子们通过默念字母表中的每个字母，练习让自己冷静下来，而不是愤怒地发泄。他们可以控制情绪，练习节制和正义。

第三，鼓励孩子们写美德日记。写日记是斯多葛学派生活的重要组成部分，但这并不是普通的日记。他们不仅会记录一天中发生的事情和自己的情绪，还会记

> 告诉孩子们，他们无法控制会发生什么事情，但可以控制自己的反应。

录自己践行原则的情况，专注于品格的养成。

普通的日记也有助于培养孩子的自我意识，而美德日记还有一个额外的好处：帮助孩子进行健康的自我批评。例如，他们可能会记下在学校里与朋友的一次艰难的沟通。当时发生了什么？他们是如何反应的？他们在哪些方面表现出了勇敢或节制？下次他们该如何做出更好的反应？

写美德日记可以为孩子提供一个开放的空间，让他们不断反思自己可以成长和进步的地方，努力成为更好的人。

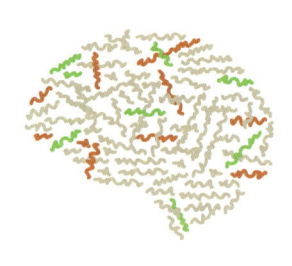

厘清思路很难……　　……但写下来就容易多了

第四，告诉孩子们，美德就像肌肉一样。有时，孩子们可能会因为现实的自己与理想的自己之间存在巨大差距而感到气馁，因此，他们需要知道，美德就像肌肉一样。当我们第一次去健身房时，都想要立竿见影的效果。但要取得进步，就必须坚持不懈地付出努力。美德的培养也是如此。起初很难，但只要有足够的时间、努力和反思，我们的品德就会越来越高尚。

> 品格培养对于帮助孩子成长为全面发展的成年人至关重要。

品格培养对于帮助孩子成长为全面发展的成年人至关重要。它为孩子提供了一颗定心丸，指引他们做出艰难的决定，告诉他们如何善待他人，让他们在人生的风风雨雨中保持镇静。

除了优秀的品格，我们还希望孩子们在成年后拥有什么呢？我们当然希望他们成长为心地善良、品行端正、明辨是非的人，但难道他们就不需要其他东西了吗？

让我们从哲学过渡到实践。我们该如何培养孩子，让他们为世界做出独特的贡献？我将在下一章讨论这个问题。

第十六章

知识的广度与深度

如果我们想要培养出优秀的孩子,就得迫使他们尽早精通专业知识——是时候推翻这个错误的观点了。

在本章中,我将讨论广度、通才、专业化和特定知识之间的关系。我将讨论如何帮助孩子发展广泛的知识基础、探索不同的领域,并发现他们可以为世界带来独特价值的地方。

让我们先从知识的广度开始。

帮助孩子扩展知识广度

在某些领域,早期专业化非常有效。比如高尔夫球运动。泰格·伍兹 7 个月大时就拿起了他的第一支推杆。2 岁时,他在电视上和鲍勃·霍普一起打高尔夫球。4 岁时,他每天练习八小时,并能在与成年人的对局中获胜。[1]

早期专业化对泰格·伍兹很有效,因为高尔夫是一项可预测的运动。他在两岁时学到的高尔夫技能在他的余生中都适用。这项运动发展稳定,变化很小。但生活中像打高尔夫球这样的事情很少。

我们生活在一个充满模糊性和复杂性的世界里。如今，最成功的人都知道如何驾驭不断发生的变化。他们都是通才，有能力将不同的方法混合使用，来应对新的意想不到的挑战。

大卫·爱泼斯坦在其著作《成长的边界》中指出："在精英专业领域（如体育、艺术和科学研究）中，许多人物的成功尽管是事实，但他们是在从事其他工作后才进入这一特定领域的。"[2]

> 最成功的人都知道如何驾驭不断发生的变化。

比如那些获得过诺贝尔奖的科学家。起初，你可能会认为他们是高度专业化的思想家——的确如此——但他们也是受过广泛教育的通才。正如爱泼斯坦总结的那样：

> 与其他科学家相比，诺贝尔奖获得者成为业余演员、舞者、魔术师或其他类型表演者的可能性至少高出22倍。享誉世界的科学家比其他一般的科学家成为音乐家、雕塑家、画家、版画家、木工、机械师、电子产品维修师、玻璃工匠、诗人或作家的可能性高得多。[3]

换句话说，通才和专才是朋友，而不是敌人，但顺序很重要。先通才，后专才，不能反过来！

这是为什么呢?

因为当孩子进行早期专业化训练的时候,容易陷入"功能固着"的陷阱。这是一种狭隘的思维方式,使孩子只能从一种角度看问题。[4] 他们可能会错过创造性的解决方案,因为他们只掌握了一套技能。

而早期通才教育会给孩子较为宽广的知识背景,让他们的眼界更开阔,能用多种不同的视角看待问题。他们拥有一大箱思维工具,这有助于他们日后在专业领域进行创新。

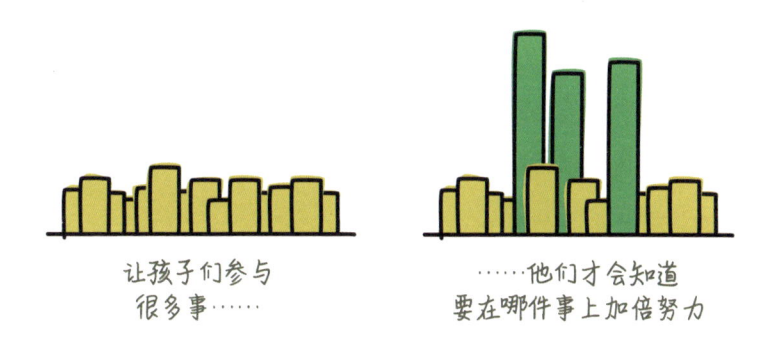

让孩子们参与很多事……

……他们才会知道要在哪件事上加倍努力

因此,在你为自己 8 岁的孩子报名参加日常高尔夫球课之前,不妨试试用以下四个方法来帮助他们拓展广度。

第一,为孩子们的新活动和新兴趣设置体验期。这将为孩子们提供尝试不同运动、艺术或乐器的机会,而不需要他们承担长期坚持的压力。

第二，让孩子们参与无组织游戏。无组织游戏是指没有成人组织或指导、没有预定目的或结果的游戏。鼓励他们发挥想象力，创造艺术或音乐，用随意的材料搭建堡垒，编造故事并进行角色扮演。这种游戏既能让孩子们有一种自主感，可以自由地寻找新的兴趣，又能让孩子们更多地了解自己，不用担心犯错。为了帮助孩子们从无组织游戏中获得最大的益处，要确保他们拥有不同的材料、宽敞的空间和充足的时间。要记住，最初的无聊也是游戏过程的一部分。

第三，促使孩子们进行自我反思。在孩子们尝试新事物后，向他们提出以下问题，促使他们反思自己的经历：

- 你现在感觉如何？是什么让你感觉良好？
- 最让你惊讶的是什么？
- 有什么挑战吗？
- 你觉得下次怎样做会更好？
- 你认为需要多长时间才能做好这件事？
- 有什么事一开始让你觉得很有挑战性或很可怕，结果却恰恰相反？
- 如果你继续做，会在哪些方面做得更好呢？

这类问题将帮助他们更好地了解自己，了解自己的天赋和与生俱来的激情。

第四，让孩子们接触多样化的学习内容。 通过书籍、电影、博物馆、体育、音乐、文化、朋友圈、宗教和哲学，让他们接触各种学科和不同类型的思维方式。

正如你所看到的，拓展知识广度并不是强迫你的孩子在所有科目上都获得 A 的成绩，也不是让他们同时参加五个不同的课后活动。取而代之的是，我们应该让他们探索、玩耍和尝试各种不同的事物。当他们走出自己的舒适区时，我们要为他们加油鼓劲。最重要的是，当他们发现自己最喜欢做的事情时，我们要与他们一起庆祝。换句话说，扩展知识广度就是帮助孩子们发现他们自己的特定知识。

发现特定知识

特定知识是你，也只有你，能够提供给世界的东西。企业家兼投资人纳瓦尔·拉维坎特将其描述为"你的 DNA、你独特的成长经历以及你的反应中产生的神奇的特性组合，它几乎烙印在你的个性和身份之中，你可以去打磨它"[5]。

下图根据不同类型的兴趣和技能，举例说明了不同的人可能掌握的特定知识。

你的特定知识可以是：

音乐天赋	能够掌握一切乐器
销售技巧	表达精辟，有说服力
强迫性人格	非常善于博弈
玩过很多游戏	深入研究事物并迅速记住的能力
分析能力	对数据痴迷，收集数据并将其进行解析的能力
热爱科幻小说	能快速吸收大量知识

需要说明的是，特定知识并不一定等同于专业知识。

专业知识是指超越了基础知识，进入了技术层面的知识。当然，特定知识可能包括专业知识，但往往涉及更多方面。特定知识就是只有你能为这个世界带来的东西，别人都无法提供。正如纳瓦尔·拉维坎特所说：

> 找出你在儿童或青少年时期几乎毫不费力就能做到的事情。也许你甚至不认为这是一项技能，但周围的人却注意到了。你的父母或你成长过程中最好的朋友都知道。[6]

例如，医生都能记住不同的疾病和失调症状，这是专业知识，而热门电视剧《豪斯医生》中的豪斯医生的独特之处在于：

- 他了解人类行为的秘密（经验告诉他，每个人都会撒谎）。
- 他有解谜和解释世界的强迫症。
- 他乐于为此承担风险。

这些就是特定知识。

通常情况下，特定知识并不是指关于某一特定事物的大量知识。特定知识通常是一种*知识积累*的结果，是对多种事物之间联系的深刻理解。

例如，也许有人掌握了在视频平台上发布超级吸引人的哲学视频的特定知识。这里的特定知识不仅仅是拍摄视频的技巧，更是对拍摄知识、历史上的伟大创意和网络营销的结合。

那么，我们该如何帮助孩子们找到并发展他们的特定知识呢？

帮助孩子发展特定知识

首先要牢记，发展特定知识并不是为了培养神童。这样做是要帮助孩子们发现自己的好奇心、天赋和技能，并为他们创造机会，让他们尽情舒展身心。

许多掌握特定知识的人都大器晚成，但他们在看似浪费时间的时候想出了无比重要的东西，他们知道自己能为世界提供

> 特定知识就是只有你能为这个世界带来的东西,别人都无法提供。

什么独一无二的东西。

其次，我们不能强迫孩子们学习特定知识。从特定知识的定义来看，必然如此。用纳瓦尔的话说，特定知识"对你来说像游戏，但对其他人来说是工作"。一旦你开始感觉像工作，它就不再是特定知识了。

> 孩子们需要知道关于如何学习、世界如何运转以及如何解决问题的常识。

这意味着，我们必须克制自己的冲动，不为孩子们制定严格的程序。我们可以鼓励和引导孩子，但不能试图控制他们。这段旅程他们必须真实地走过。不过，他们不必独自前行。我们可以通过以下方式与他们合作：

- 给他们空间，让他们潜心研究自己感兴趣的东西。
- 帮助他们了解自己的独特技能、特质和兴趣如何能帮助他人。
- 与他们一起讨论可以怎样将他们的特定知识应用到实际的复杂问题中。

最后，孩子们需要坚实的基础。他们需要知识的广度，也就是关于如何学习、世界如何运转以及如何解决问题的常识。他们还需要接触许多学科和工作类型，拥有不同的生活体验。这些将帮助他们发现自己最喜欢以及最擅长的东西。

孩子们只有先看到大量可以利用的机会，才能逐渐专注于属于自己的特定知识。而为了得到这些机会，他们需要拥抱失败，懂得放弃。

第十七章

失败与放弃的艺术

学校总是教导我们，放弃的人永远不会成功。在遇到困难时能够坚持不懈的确是一种竞争优势，但知道何时该放弃也同样重要。

学校还教导我们不要犯错，因此我们总是害怕出错。作业本上的叉、严厉的课后谈话和糟糕的成绩单都让我们感到恐惧。正如教育家约翰·霍特在他的《孩子为何失败》一书中所解释的，整个学校体系就是为了让孩子们害怕失败而设计的。[1]

然而，我们完全弄反了。

在本章中，我将讨论失败和放弃的力量。我们应该鼓励孩子们去冒险、犯错、再试一次，当他们的才能终于得到发挥时，他们就会继续前进。在适当的情况下，允许孩子失败和放弃，会给他们提供试验的空间，使他们能够无所畏惧地钻研新课题，最终获得真知灼见。

让我们先从失败的艺术谈起。

失败的艺术

我们应该鼓励失败，而不是惩罚失败。我们需要失败来推动人类的探索和社会的进步。我们必须先尝试许多行不通的方式，然后才能找到可行之道。

纵观科学史，它看似一连串的成功故事，但实际上，它是人们拥抱失败并从错误中不断学习的过程。[2]

万有引力定律就是一个很好的例子。在大约两千年的时间里，人们普遍认为亚里士多德是对的：物体下落的速度与其重量成正比。后来，伽利略做了实验，发现物体以相同的加速度向地面运动。牛顿认为，这是因为大物体（如地球）会吸引小物体（如石头）。但爱因斯坦意识到，牛顿的想法并不是完全正确的。大物体并不会吸引小物体，它们只会弯曲时空结构。时至今日，我们仍不清楚引力在量子层面如何起作用，要想最终找出精确的答案，还需要经历更多的失败。

> 避免成年后遭遇灾难性失败的最好办法，就是在儿童时期多经历小失败。

如果失败让孩子们感到恐惧或陌生，他们就不会大胆尝试。但如果失败让他们感觉像遇到老朋友一样，他们就会乐于尝试疯狂的新想法。正如纳瓦尔·拉维坎特所说：

179

> 没有试错，就不可能有进步。商业如此，科学如此，自然也是如此。没有失败，就没有学习、进步和成功。[3]

当然，并非所有的失败都能帮助孩子。例如，我们不希望我们的孩子失去工作、找不到人生的意义或感受不到幸福。那些是灾难性的失败，我们应该不惜一切代价帮助他们避免。

而避免成年后遭遇灾难性失败的最好办法，就是在儿童时期多经历小失败。正如哥伦比亚大学生物学教授斯图尔特·弗雷斯坦所说："我们必须为非灾难性的失败留出空间并对其加以保护。"[4] 正是从这些小失败中，我们学会了如何避免可能影响一生的大失败。

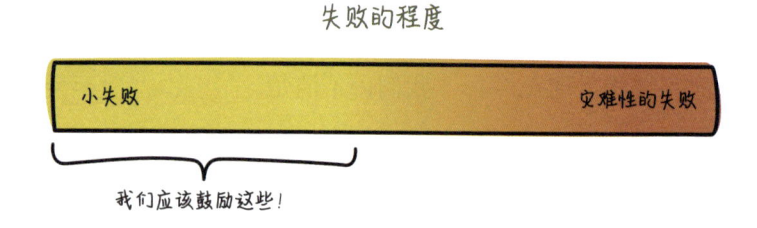

失败的程度

| 小失败 | 灾难性的失败 |

我们应该鼓励这些！

那么，我们怎样才能以有益而非有害的方式帮助孩子们面对失败呢？

帮助孩子们面对失败的五种方法

第一，让孩子们多经历小失败。 电子游戏可以为他们提供很多经历小失败的机会，因为它们重塑了学习过程。当孩子们不会因为小错误而受到惩罚时，他们就有动力振作起来，坚持完成任务并继续学习。（更多关于如何有效利用电子游戏的内容，请见本书第十二章。）

第二，把失败当作重新开始的机会来庆祝。 要把失败看作一次令人兴奋的寻求反馈的过程。你可以对孩子提出以下问题：

- "你学到了什么？"
- "你下次会尝试什么不同的方法？"
- "你准备好利用更多的信息再试一次了吗？"

第三，鼓励孩子们进行正确的自我对话。 当事情出错时，注意他们是如何描述当时的情况的。要当心"都是我的错，这种状况会一直持续下去，毁掉一切，我无能为力"之类的说法。这种模式会导致习得性无助——一种让人感到无能为力和陷入绝境的心理状态。[5]

试着重塑这种情况。你可以鼓励他们："这种状况不会持续太久。况且，有些部分其实你做得不错！不要对自己太苛刻。

> 我们应该鼓励孩子们去冒险、犯错、再试一次,当他们的才能终于得到发挥时,他们就会继续前进。

你觉得你能做些什么让这件事在未来往好的方向发展呢?"

第四,与孩子们分享自己的失败。以身作则,坦诚讲述自己的失败经历和处理失败的方法。谈谈你是如何振作起来,克服困难,吸取教训的。孩子们可以通过观察成人学到很多处理失败的方法。[6]

第五,谈谈利用失败取得成功的英雄。想想你的孩子崇拜的英雄或榜样。确保他们承认,奋斗的过程和成功的结果一样重要。特别要关注孩子正在阅读的书籍。书中的主角是否总是轻而易举地取得胜利?你可以寻找一些主人公在极端逆境中跌跌撞撞,最终振作起来并利用从失败中学到的经验取得成功的故事。

综上所述,我们应该拥抱失败,而不是惩罚失败。那么,我们又该如何面对放弃呢?

放弃的艺术

有时候放弃也没有问题。

我听过迪帕克·马尔霍特拉教授对哈佛商学院 2012 届毕业生进行的演讲。他的建议是:"要及早放弃,经常放弃。放弃并不难,只是让人感觉很糟糕。"[7]

马尔霍特拉提出了一个很好的观点：放弃可以让你"对很多事情说'不'，而对少数事情说'是'——你可能都没有意识到，也许这些事情对你来说才是最重要的"[8]。

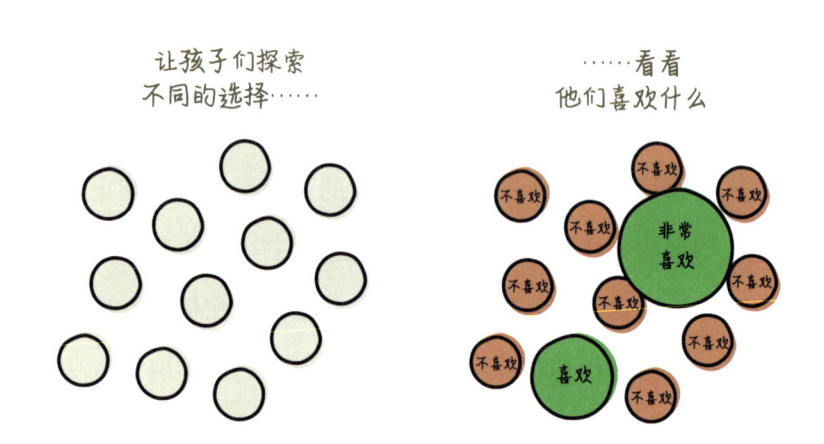

让孩子们探索不同的选择……

……看看他们喜欢什么

我们不应该因为困难而放弃，但应该在方向错误时放弃。那么，我们该如何帮助孩子们辨别何时要拿出勇气，何时要放弃呢？

我讨论过为什么孩子们应该学习特定知识——他们天生擅长并喜欢做的事。我还谈到了知识的广度，讲了让孩子们尝试多种不同事物以打好基础和探索兴趣的重要性。

而放弃就是知识的广度和特定知识之间的关键。这是一门尝试新事物的艺术，它能让你意识到自己讨厌什么或不擅长什么，并向自己的专长靠拢。正如儿童精神病学家、三个孩子的母亲克里斯汀·莱维坦所说：

> 让孩子们选择放弃，是为了宣扬这样一种理念，即他们应该有机会尝试更多的新事物，而不必期望每件新事物都适合他们。[9]

除了鼓励孩子们尝试各种新事物，我们还需要教会他们如何以及何时放弃令自己不满的活动。

一种策略是制定原则，帮助他们区分停止做某件事的好理由和坏理由。例如，作为一名教师，我列出了学生选择放弃一本书的各种可能的原因：

什么时候可以放弃一本书？

- 续作令人失望
- 不适合自己
- 太有挑战性
- 不吸引人
- 学不到新东西
- 太吓人
- 不喜欢这种风格
- 太费解
- 需要休息一下
- 更想学点别的
- 无聊
- 想以后再读
- 不刺激
- 太简单
- 进展太慢
- 无法共情

结果怎么样？我的学生更愿意坚持读书了。他们是放弃了一些书，但一旦找到自己喜欢的书，就再也放不下了。他们开始谈论阅读的收获，以及当他们能够自由地寻找令自己兴奋的东西时，他们有多喜欢看书。

在开始一项新活动（体育运动、课外活动、阅读一本书等等）时，让孩子们列出一份类似的清单，说明在什么情况下可以放弃。让他们明白：不应该出于一些原因（比如"我不够好"）放弃，但可以出于另一些原因（比如"我更想学点别的"）放弃。

这种方法将他们置于主导地位，鼓励他们自主选择，可以培养他们的自我效能感，同时也为他们提供指导，让他们学会如何做出深思熟虑的决定。

说到底，放弃和坚持同样重要。作为家长和老师，我们不应该教孩子们总是坚持或总是放弃。我们的目标应该是在孩子们被吸引时帮他们培养坚持下去的决心，而在他们不被吸引时给他们放弃的勇气，并教给他们分辨这两者的智慧。

失败和放弃是真实的学习的重要组成部分。在适当的情况下，我们应该鼓励这两种经历，而不是惩罚。

请不要再问这个问题了！

"你长大后想做什么？"这是大人会问孩子的最没用的问题

之一。

首先，这鼓励了一种错误的心态——鼓励孩子们用职业和单一身份来定义自己。正如美国前第一夫人米歇尔·奥巴马所说，我们似乎觉得"成长是有限的，好像到了某个时候，自己就会成为某个人，然后一切就结束了"[10]。这种错误的心态会暗示孩子们应该已经想好一切，不鼓励他们去尝试、犯错、失败和放弃。

> 我们不应该因为困难而放弃，但应该在方向错误时放弃。

其次，如果孩子们的理想工作还没有被发明出来，怎么办？ 旧有行业正在发生变化。大约三分之二的小学生将来会从事现在尚未出现的工作。[11] 以前谁能想到，做视频博主也能谋生？帮助孩子们认识到未来自己也许会从事现在并不存在的职业，他们的兴趣就可能会随着时间的推移而改变。

> 大约三分之二的小学生将来会从事现在尚未出现的工作。

最后，如果他们想做的事不止一件，怎么办？ 根据美国劳工统计局的数据，平均每个美国人一生中会从事十几份不同的工作。[12] 告诉孩子们，不必只做一件事，他们可以做很多事情。应该教他们探索许多不同的活动，然后，找出自己最擅长的和最喜欢的。告诉他们，可以重新考虑自己未来的工作岗位，必要时也可以换个赛道。

亚当·格兰特教授建议，要把职业看作需要采取的行动，而非需要被认可的身份。当孩子们把工作视为他们的事业而不是他们的身份时，他们就更愿意探索不同的可能性。例如，亚当·格兰特在《重新思考》一书中提到，有研究表明，当二、三年级的学生学习"从事科学工作"而不是"成为科学家"时，他们对从事科学职业会更感兴趣。[13] 用格兰特的话说："成为科学家似乎遥不可及，但科学实验是我们每个人都可以尝试的事。"[14]

与其问孩子们长大后想做什么，不如让他们头脑风暴一下，谈谈自己喜欢做的所有事情。让他们了解，职业和专业指的是"我们做的事情"，而不是"我们是谁"，并确保他们明白：有时放弃也是可以的，不必在错误的方向上坚持下去。

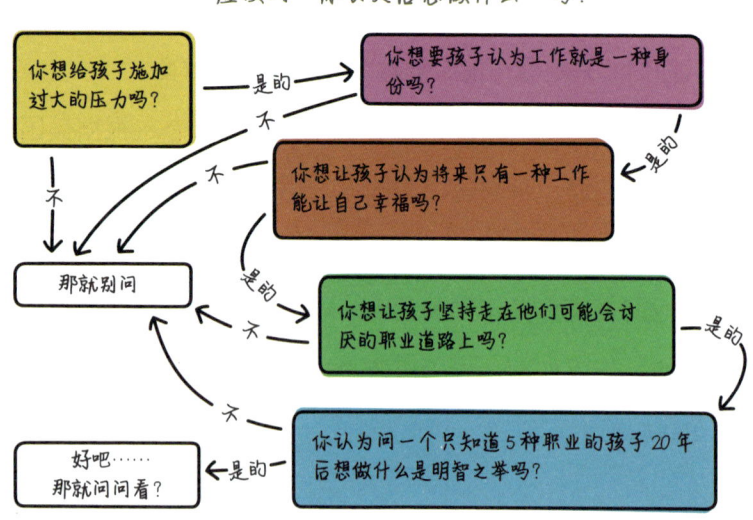

应该问"你长大后想做什么"吗？

- 你想给孩子施加过大的压力吗？
  - 是的 → 你想要孩子认为工作就是一种身份吗？
    - 是的 → 你想让孩子认为将来只有一种工作能让自己幸福吗？
      - 是的 → 你想让孩子坚持走在他们可能会讨厌的职业道路上吗？
        - 是的 → 你认为问一个只知道5种职业的孩子20年后想做什么是明智之举吗？
          - 是的 → 好吧……那就问问看？
          - 不 → 那就别问
        - 不 → 那就别问
      - 不 → 那就别问
    - 不 → 那就别问
  - 不 → 那就别问

（此图源自亚当·格兰特的著作《重新思考》）

我们不应该因为孩子的失败和放弃而瞧不起他们，因为这两者都是成长所必需的。但这并不意味着，当我们看到孩子在挣扎时，就不应该努力帮助他们进步。

为人父母最难的部分也许就是取得适当的平衡。正如我们在前面几章中所看到的，培养成功的孩子就是要让他们面对困难和风险，但又不能让他们不堪重负；既要帮助他们掌握各种技能，又要帮助他们找到自己的专长；既要允许孩子们尝试新事物、失败和放弃，又要让他们在发现自己的独特机会后坚持不懈。

家长们如何才能在这些方面取得平衡？我们需要一些总结性的原则来保持头脑清醒，权衡各种机会，为孩子们的长期成功做好准备。

换句话说，我们需要了解如何成为更好的父母。

> 告诉孩子们,他们不必成为某种人,也不必只做一件事。告诉他们,可以重新考虑自己未来的工作岗位,必要时也可以换个赛道。

第五部分

如何成为模范父母

第十八章

父母的心理模型

达琳是一名经验丰富的护士，在医院的新生儿重症监护室工作多年。[1]有一天，她经过一个保温箱，注意到了里面的婴儿。婴儿的值班护士按部就班地照看着孩子，没有特别关注。所有的监护仪都显示新生儿的生命体征正常，但达琳觉得有些不对劲。

与其他婴儿不同，这名婴儿的皮肤不是粉红色的，肚子微微隆起。在他脚上扎针抽血的地方，有一大片红色的斑点，说明他的血液没有正常凝固。

达琳立即去找主治医生，要求使用抗生素。医生没有太担心——当前的数据看起来并没有什么问题，但他相信达琳的直觉，开了药，并给婴儿做了检查。

检查发现，这名婴儿正处于败血症的早期阶段。这是一种由感染引起的全身炎症。如果达琳没有及早发现他的病情，婴儿会有生命危险。

婴儿的值班护士一直在单独查看每一条信息。心率、血压、血氧饱和度、体温，没有一条数据能够引起她的重视。而达琳使用了一种心理模型。她在脑中描绘了一个健康婴儿的模样，并将这个新生儿与之进行了比较。

正如研究员贝丝·克兰德尔所说：

> 对那位值班护士来说，斑驳的皮肤和带血的创可贴只是数据点，不足以触发警报。但达琳把一切归纳在一起，看到了一个完整的画面。[2]

在本章中，我将讨论心理模型的本质，列举与父母相关的具体事项，解读父母如何将心理模型融入日常生活。我希望你读完后能认识到心理模型在养育子女方面的力量，能够自如地使用它们，并愿意深入研究和自己寻找新的心理模型。

接下来，我们先明确什么是心理模型。

什么是心理模型？

简单地说，心理模型是关于世界如何运作的一般经验法则。有了它，我们才能将自己的经验组织起来，让它们发挥作用。

可以这样想：当你来到一座新城市，站在一条马路边，可能会看到左手边有一家麦当劳，右手边有一家银行，而正前方有一家沃尔玛。这些信息本身可能并没有什么意义，但如果你有一张标注了这些地方的地图，你就能知道自己身在何处，并制订前行计划。

心理模型就像生活地图。它帮助我们建立联系、识别模式并获得更高层次的视角，从而做出正确的决定。

正如作家詹姆斯·克利尔所言："'心理模型'是一个总称，指你头脑中的任何概念、框架或世界观。"[3] 心理模型并不是可有可无的。它"对于那些有兴趣进行清晰、理性和有效的思考的人来说至关重要"[4]。

每个学科都有自己的思维模式。生物学、物理学、经济学、心理学，每个领域都有适用于许多不同情况的一般原则。但与科学研究的注重细节相比，心理模型并不难掌握，它是每个学科中最基本的思想，我们可以通过学习这些思想来更好地理解生活的基本要素。

比如"临界质量"这个概念。在核工程中，它指的是产生核连锁反应所需的最小的铀或钚的质量。而在核工程之外，这个概念还适用于许多其他事物。你也可以用临界质量的思维模型来处理成千上万件其他事情，比如支持一家企业所需的最小客户数量，或者要了解第二次世界大战所需要阅读的最少书籍数量。思想可以达到临界质量，一个聚会也有临界质量。

> 心理模型就像生活地图。

或者想想牛顿第一定律中说的：运动中的物体将保持匀速直线运动，除非受到另一个力的作用。很明显，这适用于实物，比如太空中的火箭，一旦把它们发射到地球引力之外，它们就会继续沿着固有的轨道前进。而这也适用于大多数人。如果我每天看四个小时的视频，我可能就会一直这样做，除非我找到一个理由去做更有意义的事情。

要了解这个世界，我们需要许多不同的心理模型。投资人查理·芒格说："模型必须来自多个学科，我们不可能在一个小小的学术分支中找到世界上所有的智慧……我们必须在一系列学科中建立模型。"[5] 我们需要这些心理模型，因为"如果不能用理论框架将各个事实串联起来，就无法利用这些事实"[6]。

当我们面对复杂的情况时，心理模型尤其有用。当新信息纷至沓来时，我们需要知道如何解读这些信息；当事情变得混乱时，我们需要一盏指路明灯，引领我们往正确的方向行走。为人父母尤其如此。

我们的孩子每天都在变化，总是从一个成长阶段跃入另一个成长阶段。从婆婆的意见、最信任的育儿博主的最新建议，到儿童心理学领域的最新研究成果，各种信息和数据让我们应接不暇。

那么，我们该如何应对和处理呢？

如果没有心理模型，就很容易不知所措，让生活陷入混乱。但有了心理模型，我们就可以区分对自己有用的信息和对自己无用的信息，确定自己的方向，果断采取行动。

让我们来看看对父母有帮助的五种心理模型。

> 我们需要各种工具来满足孩子们的需要,帮助他们适应最新的挑战。

父母的心理模型

马斯洛的锤子

心理学家亚伯拉罕·马斯洛说过:"如果你唯一的工具就是一把锤子,那你会很容易把所有的事都看成钉子。"[7] 身为家长,很容易陷入这一陷阱。我们掌握了一种策略,就开始用这种策略解决每一个问题。当我们的孩子行为不端时,我们会认为他们还没有受到足够的惩罚,或者需要更多的奖励、更多品行端正的朋友,甚至会拍脑袋想出一些解决办法。

事实上,当孩子们开始行为失常时,他们需要的可能是新的东西,而不是一直保持不变。他们还小,一直在成长、发展、变化,每个阶段都不一样,总要面对新的情况。因此,我们需要各种工具来满足孩子们的需要,帮助他们适应最新的挑战。

逆反效应

我们越是迫于压力去做某件事,就会越不想去做。我们可能很喜欢跑步,但如果是体育老师要求我们跑,我们就会觉得很痛苦。心理学家将这种现象称作"逆反效应"。[8]

人天生希望拥有选择权和自主权,孩子也是如此。如果你很想让孩子做某件事,但他们却一直与你作对,那么不妨问问自己，你是否给了他们选择的机会。

虽然你在第一时间很难放心让孩子自主参与，但这往往是为你们双方找到积极解决方案的最快途径。

助推

当我们希望孩子们改变自己的行为时，会觉得第一步是让他们相信一些事情。当我们希望他们吃健康的食物时，我们会谈论水果的重要性。但仅仅谈论健康饮食是不够的。我们还需要与他们合作，为他们设计一个更容易做出最佳选择的环境。社会科学家称之为"*助推*"：在环境中做出简单的改变，从而让人更容易做出好的选择而非坏的选择。[9]

例如，你可能会问自己："我怎样才能让他们更愿意吃水果而不是糖果呢？"答案是让他们更容易接触到苹果和香蕉。这样就能帮助他们选择"天然糖"而不是加工糖。

你们谈话的主题也要发生一些改变。你不仅要告诉孩子们水果比糖果好，还要和他们讨论如何养成更好的生活习惯。你可以和他们讨论让水果比糖果更容易接触到的好处，这样当他们长大后，他们也能让自己过上更健康的生活。

重构

当孩子们面临挑战时，往往需要改变看待问题的*角度*。对于一些消极的事情，只要换个角度，就能看到它们积极的一面。

也许孩子们会因为不能在爷爷奶奶家过夜而伤心，但我们可以帮助他们从另一个角度看待这件事。我们可以鼓励他们利用晚上的时间给爷爷奶奶写一封信，或者自己动手做个小礼物，第二天给爷爷奶奶一个惊喜。有了额外的时间，他们就有机会开展新的创意项目。

作家托马斯·韦德尔-韦德斯伯格将这种方法称为"重构"。[10] 重构可以帮助孩子们认识到，他们无法控制生活，但可以控制自己面对生活的态度。孩子们可以选择悲伤，也可以选择抓紧时间将糟糕的情况转化为美好的事。

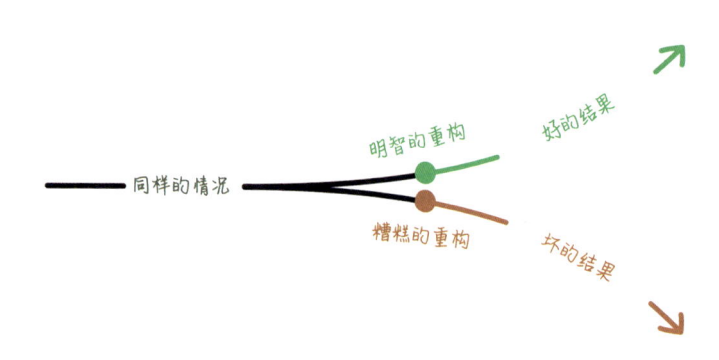

反向思考

面对棘手的问题时，从相反的角度考虑问题往往会有所帮助。查理·芒格把这种心理模型称为"反向思考"。他是这样描述的：

> 反向思考往往会让问题变得简单。换句话说，如果你想帮助印度，你应该问的问题不是"我怎样才能帮助印度"，而是"是什么对印度造成了最严重的破坏，我该如何帮它避免"。

企业家兼投资人安德鲁·威尔金森在反向思考法的基础上提出了"反目标法"（Anti-goals）。这种策略可以让你通过专注于不想要的东西，来找到自己真正想要的东西。[11]例如，威尔金森意识到他不想每天都被冗长的会议填满，所以设定了这样一个目标：可以通过电子邮件或电话完成的事，绝不安排线下会议。威尔金森还意识到，他不想与自己不信任的人共事，因此他设定了一个目标：不与不喜欢的人做生意，哪怕只是感觉有一点气场不合，也要坚决拒绝。他没有专注于自己想要什么，而是根据自己不想要什么来倒推。

我发现这个练习对我的学生特别有帮助。大多数孩子不知道自己想要什么。如果你问他们："今年你想实现什么目标？"他们根本不知道该如何回答。但是，如果你问他们不想做什么事，他们很容易就能给你列出一长串清单！

因此，你可以让他们列出他们不喜欢做的事情或让他们不开心的事情，然后列出他们将采取的行动，以确保这些事情不会发生（反目标法）。牢记要避免什么，会让人更容易知道该做什么。

构建你自己的心理模型

下面这五种心理模型可以帮助父母厘清复杂的情况。当孩子们的事情变得混乱时，我们可以问自己这些问题：

- 我是不是用错了工具（马斯洛的锤子）？
- 我有没有试图在不给孩子发言权的情况下把一些东西强加给他们（逆反效应）？
- 我怎样才能鼓励他们朝着正确的方向前进（助推）？
- 或许我应该帮助他们从不同的角度看问题（重构和反向思考）？

这些模型只是家长可以用来教育孩子的数百种工具中的五种。还有一些策略和资源，可以帮助你构建自己的心理模型。

第一，你可以登录"法纳姆街"网站（http://fs.blog）看看。这是一家由谢恩·帕里什（Shane Parrish）运作的机构，致力于帮助人们学习和使用最好的心理模型思维。他们在自己的博客和书籍中提供了有用的资源，还开设了一门关于育儿心理模型的课程。[12]

第二，阅读《超级思维》（Super Thinking**）。** 在这本书中，DuckDuckGo（一个互联网搜索引擎）的创始人兼首席执行官加布里埃尔·温伯格和他的妻子劳伦·麦肯一起探讨了100多种心理模型以及这些模型应该如何应用于现实生活。[13]

第三，开始练习。 有效使用心理模型的关键在于练习。当你看到孩子有某种 <u>从相反的角度考虑问题往往会有所帮助。</u> 行为时，问问自己以前是否见过这种模式。试着把这些点联系起来，与你经历过的其他事情归纳在一起进行分析，看看它们之间是否存在共性。

第四，记录孩子的行为。 掌握一些参考资料会很有帮助。花几分钟记录下你意识到的事情以及因此而发生的事情。这些可作为参考资料，帮你找到孩子的一些长期模式。随着时间的推移，这样做还能帮助你建立一些针对孩子的心理模型。

第五，使用核对清单。 即使我们能够识别出常见的模式，也很难记住要采取的正确行动。[14] 因此，当你的孩子拒绝按时上床睡觉时，你可以列出一个清单让孩子去尝试。只要进行足够的尝试，你一定能找到行之有效的策略。随着孩子的成长和新模式的形成，这些策略可能会失效，记得要不断更新。

有了心理模型，我们就能降低养育子女的复杂程度。我们可以根据一些法则来整理我们的经验，得到启示，并规划出正确的前进方向。

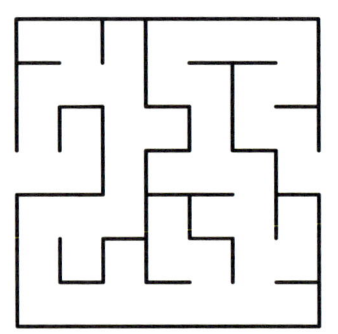

在复杂的育儿世界里……　　……心理模型可以提供指导

不过，心理模型并不是我们在生活中思考问题时唯一可以使用的工具。在下一章中，我将介绍更多的工具。

第十九章

给孩子的三种思维工具

智力意味着善于思考的潜能。但许多聪明人从未发挥过自己的潜能,因为他们从未学会*如何*思考。然而,有些人并没有什么天赋,却是出色的思考者。他们有很好的老师,也经常练习。正如心理学家爱德华·德博诺所说,智力就像一辆汽车:

> 一辆动力强劲的汽车可能开得不好,而一辆动力较弱的汽车也可能开得很好。汽车驾驶员的技术决定了他们如何使用汽车的动力。[1]

换句话说,善于思考并不是与生俱来的特质,而是一套学习技能,几乎任何人都可以通过刻意练习来培养这种技能。

在本章中,我将探讨三种不同的思维工具:思考帽、概率思维和弹性思维。这些技巧不仅孩子可以使用,我们每个人都可以用来改善思维过程,提高决策能力。

让我们先来讨论一下六顶思考帽。

思考帽

善于思考是一种将所有可用信息发挥到极致的技能。它不仅仅是批判性思维、逻辑推理和分析,还包括创造力、探索、设计和感知。最优秀的思考者会使用各种策略。那么,我们要如何才能学会思考?又该如何教育孩子呢?

爱德华·德博诺写了一本很棒的书《教你的孩子如何思考》。他在书中分享了父母该如何教孩子使用不同的"思考帽"来思考问题。[2] 这些思考帽代表着我们在思考问题时可以采取的不同角度。六顶帽子能帮助我们分别从不同的角度看问题。

白帽子
事实+数据+信息

红帽子
情绪+感受+直觉

黑帽子
谨慎+真理+判断

黄帽子
优势+利益+好处

绿帽子
研究+提议+意见

蓝帽子
对思维过程的反思和控制

我们来看看这六顶思考帽。

白帽子代表事实、数据和信息。这顶帽子注重现有信息，追求客观事实，而不是任何人的感觉。当你戴上白帽子时，你可能会问这样的问题：我掌握了哪些信息？还缺少哪些信息？如何获得我需要的信息？

红帽子代表情绪、感受和直觉。它与白帽子正好相反。红帽子对事实不感兴趣，而是对人们的感受感兴趣。当你戴上红帽子时，你可能会问自己：我现在对这种情况有什么感觉？这种情况会给别人带来什么感觉？

黑帽子代表谨慎、真理和判断。它是批判性思维的帽子。爱德华·德博诺说，你可以想象有一个严厉的法官或老师，如果你做错了什么，他就会给你打一个红叉。当你戴上黑帽子时，你可能会问：这是真的吗？符合事实吗？行得通吗？安全吗？能做到吗？

在传统的学校和工作环境中，黑帽子常常被过度使用。但将它与其他帽子结合使用，可以防止我们犯下愚蠢的错误，并能让我们产生更好的想法。

黄帽子代表优势、利益和好处。想想阳光和乐观主义。这顶帽子充满希望，同时它也是一顶逻辑性很强的帽子，要求我们提供希望背后的理由。当你戴上黄帽子时，你可以说：这就是这样做的原因；为什么这样做有好处；为什么这是件好事。

绿帽子代表研究、提议和意见。想想那些生命力旺盛的植物。这顶帽子代表创造力、打破常规的思维方式以及新的想法。当你戴上绿帽子时，你可能会提出这样的建议：好吧，这可能听起来很疯狂，但如果我们换成这样试试呢？

蓝帽子代表对思维过程的反思和控制。想想万物之上的蓝天。戴上蓝色思考帽，你就能从高层次的角度俯瞰思考过程。爱德华·德博诺说，这就像管弦乐队的指挥。戴上其他颜色的帽子，我们思考的是问题本身，而戴上蓝帽子，我们思考的是如何使用其他思考帽。例如，我们在本章中就使用了蓝帽子！当你戴上蓝帽子时，你可能会问：我们在做什么假设？我们用红帽子的时间够吗？我们是否应该更有创意？下一步该做什么？

很多时候，我们都认为只有白帽子（事实）和黑帽子（判断）是有价值的视角。但优秀的思考者会使用*所有*帽子。他们会考虑自己的情绪，评估好的一面，提出疯狂的想法，并监控自己的整个思维过程。

六顶思考帽可以帮助孩子们用广角镜头观察事物，扩大自己的感知范围。换句话说，他们可以积累智慧。

智慧是良好思维的终极目标，是一种纵观全局的习惯。与聪明不同，智慧不是与生俱来的天赋。它也不是年龄的自然产物。我们都见过聪明

> 最优秀的思考者会使用各种策略。

的孩子和愚蠢的成年人！智慧来自深思熟虑后的实践。它需要导师的指导和解决复杂问题的经验。通过认真学习如何使用这六顶思考帽，孩子们在一年内积累的智慧会比许多成年人一辈子积累的还要多！

在使用过每一顶帽子后，你可能会发现自己依然无法准确判断事情的结果。在这种情况下，你会怎么做？接下来，我们将讨论如何考虑解决方案中的概率问题。

概率思维

伟大的思想家也是敢于冒险的人，他们不断下注，利用概率走向成功。为什么概率思维会产生如此大的影响？我们又要如何帮助孩子，才能让他们利用良好的决策过程呢？

在做艰难的抉择时，需要*前瞻性思维*。[3] 婚姻、投票、投资、养育子女、工作，生活中的所有这些重要决定都迫使我们思考事情将如何发展。问题在于，未来是难以确定的。

十年后，世界的面貌将与我们或我们的孩子所能想象的大相径庭。那么，在我们都不确定事情会如何发展的情况下，该如何做出正确的选择呢？

让我们来做一个安妮·杜克设计的练习。前文提及，她曾经是职业扑克牌玩家，而她也是我很喜欢的一本书《对赌》的作者。[4]

想想你去年做出的最明智的决定。

想到了吗？很好。

这个决定的结果如何？

- 很好
- 糟糕
- 一般

如果你和大多数人一样，你的选择可能是"很好"。为什么？因为我们倾向于根据结果来判断选择。当你要思考自己的最佳决定时，你可能思考的是产生最佳结果的决定！但这正是安妮·杜克所说的问题所在，她把这个问题称作"结果导向"。[5]

她在《对赌》这本书里举了 2015 年超级碗比赛海鹰队的例子。卡罗尔教练在比赛最后时刻要求传球，而爱国者队拦截此球并获胜。很多人因为这个糟糕的结局而憎恨卡罗尔教练。但传球其实是个不错的选择，在 15 个赛季中，这种情况下传球被成功拦截的概率只有 2%。[6]

我们不应该用结果来判断我们的决定。运气的作用太大了。我们应该关注的是我们能够控制的事情以及我们的决策过程。

> 鼓励孩子们使用概率思维，而不是绝对思维。他们越早理解未来发展的不同可能性，就会越好。

那么，我们该如何帮助孩子们利用良好的决策过程呢？让我们来讨论一下每个孩子都应该学习、每个成年人都应该记住的四条经验。

第一，鼓励孩子们使用概率思维，而不是绝对思维。我们都会很自然地用非黑即白的思维方式思考问题，但生活要复杂得多。鼓励孩子们不要说"那是肯定的"之类的话，而是要求他们用百分比来表示不同结果的可能性。他们越早理解未来发展的不同可能性，就会越好。

第二，帮助孩子们保持开放的思维。正如决策科学家菲利普·泰特洛克所说，伟大的决策者就像狐狸一样，敏捷、灵活、适应性强。[7]让孩子们使用六顶思考帽，鼓励他们在确定答案之前从多个不同的角度看问题。

第三，让孩子们分组合作。即使是孩子，也有自己无法摆脱的偏见。让他们与朋友组成小组可以解决这个问题。鼓励他们指出彼此身上的错误，让他们提出尖锐的问题，并相互问责。

第四，允许孩子们升级自己的信念。我们不应该在他们做错事情时惩罚他们，而应该让他们把每一次决定都当成一次小测试。他们应该问自己"结果怎么样？我学到了什么？下次我该如何改进？"，而不必在意大人是否同意他们的观点。

当然，有些选择过于重大，我们不应该让孩子们去尝试，但对于很多日常决定，我们可以给孩子们机会去尝试、出错、学习，从而慢慢提升他们的思维能力。

正如我们所看到的，当我们试图对未来做出决策时，我们应该用下注的方式来思考。但如果我们试图*创造*未来呢？在创新和发明时，我们应该如何思考这个世界呢？

弹性思维

在许多方面，人类并不特别。黑猩猩比我们强壮，有些水母能长生不老。但我们的思维方式让我们变得独特。它让我们有能力建造城市，发明新技术，登上月球。你可能觉得动物也会思考，它们毕竟有大脑。但重要的是，人类有特殊的思维方式。

理查德·费曼的同事、物理学家伦纳德·蒙洛迪诺将思维分为三种类型：

1. 自动思维：对各种情况做出反射性的反应。
2. 分析性思维：仔细分析。
3. 弹性思维：对各种事情进行创造性的、自发性的关联。[8]

大多数动物只使用第一种思维，它们只能做出反射性的反应。比如鲱鱼鸥，当鲱鱼鸥父母拍打地面时，会引发呕吐，雏鸟就会跑过去开始啄食。这就是自动思维在起作用。鲱鱼鸥遵循自然的条件反射。

人类也会使用自动思维。例如，我们自然地想要报答对我们好的人。我们给予别人，别人也会给予我们。销售人员很懂得如何利用这种条件反射促进销售。他们可能会先送我们一份小礼物，从而更容易向我们推销汽车。

但我们可以逃脱这个陷阱。只要我们不接受销售人员的任何礼物，就可以避免被套路。[9] 我们只要制定了这条规则并始终遵守，就再也不会上当受骗了。这种策略就是人类的第二种思维——分析性思维的例子。

传统教育侧重于教授分析性思维。孩子们要学会运用逻辑制订计划、计算答案、改变自动行为。计算机也使用分析性思维。事实上，计算机比任何孩子，甚至比最聪明的成年人都更擅长分析。例如，计算机"深蓝"在1997年就击败了当时的国际象棋冠军加里·卡斯帕罗夫[10]，而现在，计算机击败国际象棋冠军已不是什么新鲜事。

计算机完全遵循逻辑步骤，按照我们的指令行事。但是，它们面对新情况时就会崩溃。它们无法使用第三种思维：弹性思维。

弹性思维可以帮助人们解决从未遇到过的问题。当我们没有规则可循时,就不会再按部就班地思考,而是投入到探索和发现的冒险中,直到找到新的解决方案。

用蒙洛迪诺的话说:自动思维帮助我们驾驶汽车,分析性思维帮助我们制造汽车,而弹性思维让卡尔·本茨产生了发明汽车的想法。[11]

自动思维帮我们驾驶汽车

分析性思维帮我们制造汽车

弹性思维帮我们发明了汽车

如今,弹性思维比以往任何时候都更有价值。在现代社会,事物总在不断变化,新问题出现的速度比人们解决旧问题的速度更快。因此,我们应该改变教育方式,更加重视培养孩子的弹性思维。孩子们需要有机会提出独创性的想法,最终才能创造出解决方案。

那么,我们该如何帮助孩子们提高弹性思维能力呢?这个过程很简单,但需要我们做出与传统学校要求的相反的事。

"等你进入社会再说吧。"你听过老师这样说吗?学校把生活看得太简单了。他们教导孩子,成功只意味着三件事:

- 遵守规则
- 记住现成的答案
- 解决简单的问题

这是真正的悲剧，因为这与在现实世界中取得成功的诀窍恰恰相反。学校将新奇感从学习中抽离，使孩子们毫无弹性思维练习地度过了他们最重要的成长期。

为了帮助孩子们提高弹性思维能力，我们需要颠覆学校在他们的头脑中形成的概念。我们需要让孩子们遵循自己的直觉，抛开指令去探索和冒险。我们需要给他们机会，让他们参与无组织的游戏，开展自主项目，反复进行试验，在典型的课堂教学大纲之外探索其他可能性。

> 智慧是良好思维的终极目标，它来自深思熟虑后的实践。

你可能会对他们的发明感到惊讶。只要我们放手让他们去做，孩子们的能力远远超出我们的想象。

第六部分

设计你的学习游戏

一旦你意识到学校游戏的问题，你可能就会觉得自己已经准备好退出学校游戏，并选择进入学习游戏了。

在设计适合你和你孩子的学习游戏时，你需要牢记以下若干指导原则。我在与孩子们一起构建学习体验时，会随时查看我总结归纳出来的这些要点，希望你也能这样做。

停止对孩子们的过度指导，让他们有空间进行创造性的独立思考。 给孩子们自己想办法的机会。提供原材料，然后放手让孩子们去创造。当我们要求孩子们把更多的精力投入到学习中时，他们就会迎接挑战，变得更投入，准备得更充分。拥有独立思考的空间会让他们对学习充满激情。

重塑学习过程，让孩子们不再害怕失败。 惩罚失败会让失败变得可怕，而对失败的恐惧会让孩子们不敢尝试。帮助孩子们从错误中学习，鼓励他们再次尝试。

注意你给予的反馈和表扬。 认可努力，而不是能力。认可道德，而不是成就。认可学习过程，而不是结果。认可好奇心、毅力和成长型心态，而不是完成任务。

让孩子们自己选择，并担负起责任。 与孩子们交谈时，把他们当作成年人。让他们参与决策。即使他们做事情的方式并不完全符合你的期望，也要相信他们能把事情做好。

鼓励孩子们完成自己的项目。 当孩子们专注于自己感兴趣的事情时，才是真正的学习。请为健康的痴迷活动创造条件。

拓宽衡量进步的方式。 让孩子们通过多种途径展示自己的技能和知识。不要过分关注考试和成绩。重要的是让孩子们学会如何学习。

避免外部激励。 外部激励可能会帮助孩子们达到短期的学业基准或行为目标，但这样会分散我们的注意力，使我们偏离培养自主的终身学习者这一终极目标。取而代之的好方法是激发孩子们的内驱力。

帮助孩子们适应不适。 如果他们能够接受遭遇困难时的情绪、不合群、不适应和不确定性，他们就会建立起在这个世界茁壮成长的内在资源。

让孩子们沉浸在困惑中。 当他们感到困惑时，要克制住自己跑过去解救他们的冲动。适度的困惑能激发好奇心，促进成长，而困惑不足会导致厌倦。

让孩子们质疑一切。 教导孩子们在接受一个观念之前，询问并要求更多的证据。帮助孩子们培养怀疑的态度，鼓励他们拒绝默认的做法。

珍惜孩子们问的为什么。孩子们经常问"为什么",因为他们想了解事物是如何运作的。他们试图解构抛给他们的东西,以确定那些东西是否有意义。他们在尝试独立思考。

用好故事将数字、公式和理论包裹起来。当孩子们在情感上与某人产生共鸣时,更有可能学习和模仿。

像斯多葛学派一样培养孩子们的品格:勇敢、正义、节制和智慧。真正的教育不仅是教孩子们如何出人头地,更是教他们如何过有意义、有道德的生活。分享真正的英雄的故事,帮助孩子们关注如何冷静地、有礼有节地应对,并鼓励他们写美德日记,记录他们是如何践行这些价值观的。

不要让孩子们死记硬背可以通过搜索得到的信息。重点是帮助孩子们理解*为什么*有些信息是重要的、我们*如何*确定它们是真的以及他们应该*如何*应用这些概念。当他们确实需要记忆时,不要让他们使用记忆闪卡,而要帮助他们建立记忆宫殿。

帮助孩子们发挥自己的特长。他们需要尝试各种活动,放弃不适合的东西,反复斟酌,不断探索,找到自己的特定知识——他们痴迷的事物、天赋和自然技能。

帮助孩子们学会如何思考。良好的思维方式是一种技能和心态的集合,有助于我们用广角镜头来观察事物。帮助孩子们学习良好的思维角度,并有意识地练习运用。

提醒孩子们,他们有一个学习方法的大工具箱,他们的学习偏好并不是固定不变的。用广泛的心智模式取代单一的学习方式，让孩子们能够认识世界、做出更好的决定、解决问题。

电子游戏可以成为学习的工具。它们属于互动型学习方式，即使打游戏输了也不会有太大的风险，还能让孩子们从失败中吸取教训，成为更好的自己。

孩子们可以在网上找到他们在学校里错过的东西。他们可以在网上花时间做自己感兴趣的事情。如果他们玩游戏，他们可以决定如何玩以及和谁一起玩。他们可以在网上与志同道合的人建立联系。

当然，电子产品成瘾确实是个问题。要想解决这个问题，就要和孩子们进行真正的对话，了解他们从电子产品中得到了什么，并想办法在现实世界中提供这些奖励。要与孩子们共同管理电子产品，而不仅仅是做出硬性限制。

将学习游戏化，但不要将其变成积分游戏。在孩子们已经投入其中的事情上设定目标，向他们提出足够的挑战以保持事情的趣味性，给予他们明确且适用的反馈，并鼓励他们再次尝试。与奖励贴纸和课间休息时间不同，以这种思维构建的游戏能让孩子们进入心流状态。

让孩子们自己承担后果。我们需要让孩子们体验高风险的情景，这些情景要既能反映现实，又不会导致改变他们命运的失败。

深入参与孩子们的学习。不要只是把他们送到学校，然后祈求得到最好的结果。参与其中会让他们有一种稳定感，也会让你在他们的学习中扮演一个填补空白的角色。你会明白如何与他们合作，鼓励他们学习。享受这段共同学习和成长的时光吧。

使用心理模型来理解孩子们的行为，从而以健康的方式来应对。心理模型是我们用来理解养育孩子的复杂性的地图。它可以帮助我们诊断问题，并采取可能产生积极结果的行动。关键是要认识到孩子们在生活中使用的具体模式，并创建自己的模型，以健康的方式做出反应。

善意的行为与过度保护之间的界限很窄。你的孩子的承受能力比你想象的更强。面对挑战，他们会变得更加坚强。

找到平衡。挑战对孩子们来说是有帮助的，但不能让他们面临的挑战过大或过小。承担后果很重要，但请确保这些后果不至于影响他们的命运。让他们适应失败，但也要让他们知道什么时候需要支持。在重要的时候帮助他们坚持下去，在不重要的时候帮助他们选择放弃。

以上这些指导原则可以归结为一个重要理念：孩子们的能力远远超出你的想象。你只需要为他们创造空间，让他们向你和世界展示自己。

不过，作为成年人，你仍然有自己要承担的角色。你需要帮助孩子建立一个有意义的框架。这并不容易，但值得一试。

没有人可以一直做到完全正确。但是，只要你关心孩子的教育并参与其中，你就迈出了帮助他们玩不同游戏的第一步。为他们创造游戏，同时鼓励他们自己创造游戏，教他们如何思考，让他们为进入真实的世界做好准备。

通过践行这些指导原则，你可以从传统的学校游戏转向充满探索性、批判性思维、独立性、创造性、灵活性和参与性的学习游戏。

这就是我所说的*真正的学习*。

○ 教学资源

如何在不离开学校的前提下退出学校游戏

我经常与一些感到无措的家长交谈。他们看到了传统体制存在的主要问题，但又无法让孩子离开学校。他们想为孩子创造更好的条件，但家庭教学需要大量时间。好消息是，还有其他选择可以让孩子们摆脱传统教育的禁锢。

我在这里介绍八种不同的方法，让孩子们不用离开学校也能脱离传统的学校游戏。这些方法各具特色，又有共同的特点。它们都符合"林迪效应"，从古至今被教育者们按照不同的方式应用着。

首先，我们来看看什么是林迪效应。

林迪效应

纳西姆·塔勒布在《反脆弱》一书中描述了林迪效应。[1] 从本质上说，思想的衰老与人的衰老不同。思想存在的时间越长，它就越有可能持续更长的时间。

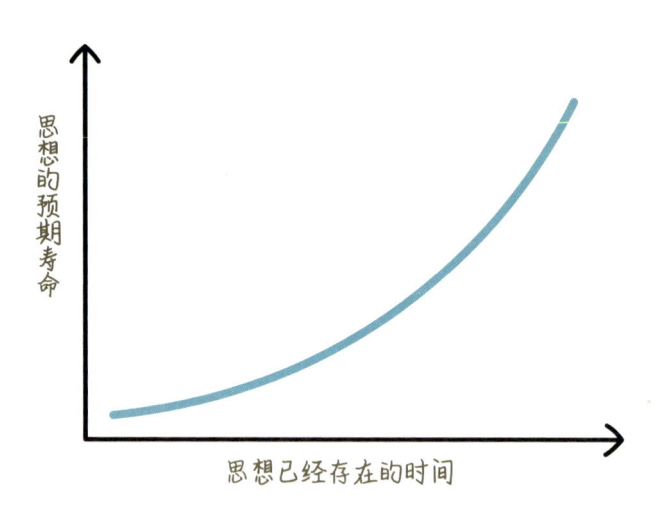

纵轴：思想的预期寿命
横轴：思想已经存在的时间

符合林迪效应的那些思想之所以能够长盛不衰、流传至今，是因为它们往往非常有效。我们可能还没有完全理解这些思想为什么有效，但这并不妨碍我们重视它们。我们应充分利用前人的智慧，将他们总结的经验应用于今天的生活。

我们来看看教育领域中符合林迪效应的五个例子。

第一，游戏符合林迪效应。自由的游戏是我们了解世界的自然方法。自古以来，我们就用它来探索、实验，并通过探索未知世界来积累新知识。

而强迫孩子们每天在课桌前坐六个小时不符合林迪效应。

第二，在实践中学习符合林迪效应。狩猎采集者让孩子们在实践中学习生存技能。他们用弓箭、长矛和烹饪工具做游戏，参与部落的劳动。

而等到大学毕业再为世界做贡献不符合林迪效应。

第三，教师是长期有效的符合林迪效应的促进者。纵观历史，最优秀的教育者都是睿智的引导者。他们不光传授知识，还促进提问和对话，直到学生产生自己的理解。这是一种寻求真理的合作模式。

而掌握所有答案的"独裁者"的教学方式不符合林迪效应。

第四，苏格拉底的方法符合林迪效应。数百年来，教师们一直使用希腊哲学家苏格拉底的方法。他不说教，而是提出深入浅出的问题，帮助学生用自己的推理建立个人信念。

有人可能会说：课堂讲授不也符合林迪效应吗？

是的，但有其特殊原因。在互联网出现之前，书籍和课程是我们传递信息的主要方式。它们在当时很好地实现了传递知识的目标，但如果你想让孩子们参与进来，帮助他们学习，苏格拉底式提问的效果要好得多。

第五，混龄教育符合林迪效应。以前的孩子接受的都是混龄教育。他们以混龄小团体的形式进行学习。年长的孩子教年幼的孩子，年幼的孩子向年长的孩子请教。

而把孩子按年龄分成不同的年级不符合林迪效应。

如今，大多数学校都不遵循这五个符合林迪效应的理念。他们将年龄较大和年龄较小的孩子分开，限制游戏和练习，强迫孩子们听老师讲几个小时的课，告诉他们应该相信什么。简而言之，学校掉入了试图忽视林迪效应的陷阱。

值得庆幸的是，家长们可以利用越来越多的替代学校和教育计划来改变现状。他们可以用以林迪效应为基础且与时俱进的学习经验来取代或补充孩子们的传统教育。

让我们来看看其中的八种方法。

第一，家长可以利用自主学习社区。利用"伽利略"[2][①]等项目帮助孩子们结交志同道合的朋友，一起组建专属的课程体系。他们可以在100多门课程中学习编码、游戏设计、艺术、写作和创业。

第二，家长可以利用"森林学校"。"森林学校"[3]课程以孩子们为中心，将他们与彼此和大自然联系在一起，向他们发

---

① Galileo，现已改名为Kubrio。——译者注

起挑战，让他们承担责任，为自己创造意义。你可以为孩子报名参加，也可以亲自主持森林学校课程。①

第三，家长可以利用团队解决问题。"综合课"[4]让孩子们有能力解决世界上最棘手的问题。他们以小组为单位进行竞争，通过辩论、测试战术、沟通决策、发挥主人翁精神以及激发彼此的潜能，在模拟游戏中获胜。

第四，家长可以使用项目式学习。像 Arduino（一款开源电子原型平台）[5]这样的项目可以教孩子们化学、物理、电子、编程等知识。他们会将所有组件送货上门，提供在线培训和支持，让孩子们在实践中学习。

第五，家长可以使用在线 STEAM（综合教育）课程。许多学校竭力提供机会，让孩子们探索他们对科学、技术、工程、艺术和数学（STEAM 五学科）的兴趣。值得庆幸的是，Brilliant.org（专门训练理科）、Skillshare（专注于技能分享）和可汗学院等线上平台提供了大量有关这些学科的精彩课程。[6]

第六，家长可以培养孩子对阅读的热爱。让孩子们自由而广泛地阅读。允许他们试读和放弃。让他们大量略读，然后深入阅读他们感兴趣的内容，包括诗歌、漫画、非虚构类图书、杂志、烹饪图书等，甚至反复阅读同一本书。提供大量选择是培养阅读

---

① 森林学校类似中国的自然营地活动。——译者注

爱好的秘诀。而一旦爱上阅读，他们就能自学任何知识。

第七，家长可以选择其他类型的学校。如果你能将孩子转到一所更好的学校，可以考虑探索基于蒙台梭利、华德福和瑞吉欧·艾米利亚（Reggio Emilia）的课程体系的学校。[7] 关于具体的替代学校，你可能需要了解一下索拉学校（Sora Schools）、高地学校（Higher Ground）和阿克顿学院（Acton Academy）。[8]

第八，家长可以选择小微学校。小微学校也是很好的选择，比如通过 Prenda[9] 和其他网络提供的小微学校。请注意，一个好的小微学校应该具有以下特点：

- 混龄教育
- 课程以儿童为中心
- 基于项目进行学习

寻找注重自由玩耍的项目，让孩子们自己探索和创造。避免那些嘴上说着"玩"，但实际上是由成人主导活动的项目。

有了以上八种选择，你就可以为孩子们创造机会，避免现代教育的一些危险的副作用，又不必让他们退学。你可以用另类学校取代传统学校，或者将传统学校与其他教育项目结合起来。你可以让孩子们自由地创造、玩耍、探索想法、投入自己的项目并结交志同道合的朋友。

> 图书推荐

在这里,我想向大家推荐几本我非常喜欢的书,并谈谈我为何觉得它们如此有价值。这几本书有一个共同的主题——内容都涉及如何通过与孩子互动来支持他们的自主性并尊重他们的发展阶段。

首先,我将分享埃丝特·沃西基的《硅谷超级家长课》,然后是丹尼尔·西格尔博士和蒂娜·佩恩·布赖森博士的《全脑教养法》,最后是克里斯·沃斯和塔尔·拉兹的《强势谈判》。

让我们开始吧!

《硅谷超级家长课》

埃丝特·沃西基是一位拥有 40 年教学经验的教师,是硅谷的传奇人物，她的三个女儿分别是YouTube（优兔）首席执行官苏珊、23andMe（一家DNA鉴定公司）首席执行官安妮和加州大学旧金山分校教授珍妮特。

她是如何培养出这么多成功的孩子的？埃丝特在她的畅销书《硅谷超级家长课》中说，关键在于一种名为"TRICK"的哲学：

- T代表信任（Trust）
- R代表尊重（Respect）
- I代表独立（Independence）
- C代表合作（Collaboration）
- K代表善良（Kindness）[1]

怎么会有家长不认同这五条价值观呢？这些似乎显而易见，甚至有些微不足道。但是，埃丝特成功的关键在于她是如何将这些理念运用到现实生活中的。我们来看几个例子。

信任

信任意味着相信孩子们能自己解决事情。例如，一个星期六，埃丝特12岁的孙子需要理发，两个8岁的孙女需要购买学习用品。但她没有时间两头兼顾。于是，她把孙子送到理发店，让他自己决定发型；把孙女们送到塔吉特超市，让她们自行购买学习用品。这两个地方都是相对安全的地方，但对许多家长来说，这听起来还是很疯狂：孩子们怎么知道如何是好呢？

埃丝特通过这个故事提出了一个强有力的观点：如果我们不相信孩子们会做事，他们就学不会照顾自己。他们会成长为没有足够自信解决问题的成年人。但是，如果我们给予他们信任，他们就能学会信任自己。

尊重

尊重意味着支持孩子们确定和追求自己的目标。埃丝特的孙子雅各布走路很慢。18个月大时，他还只能用屁股在地板上蹭来蹭去。医生说他的双腿没有问题，但他的父母还是很担心。

雅各布喜欢篮球，于是埃丝特把他带到了早教中心。他立刻被其他孩子的运球动作吸引住了。当一个孩子投篮，球被弹出去时，雅各布立刻跑去接他的球。

雅各布会走路，他只是需要足够好的理由来向其他人展示这一点。用埃丝特的话说：

> 家长们需要冷静。你们的孩子会走路、会说话……要让孩子们引导你。这意味着你要跟着他们走。孩子们知道自己是谁。你的工作就是尊重他们。[2]

你可以通过培养孩子的自主性和个性来体现对他们的尊重。

独立

独立意味着不为孩子做任何他们自己能做的事情。换句话说，就是给孩子与他们年龄相符的自由，让他们能够从小就开始学习照顾自己。

例如，埃丝特对刚出生的孩子就采用了"暂缓原则"。当婴儿夜里哭闹时，她会等一会儿再安慰他们。这种短暂的等待让婴儿有机会练习自我安抚，迈出独立的第一步。正如埃丝特所说：

> 我知道对有些人来说这听起来很疯狂，但这是我作为一名教师和家长的终极目标，我要让自己变得"过时"。没错，我希望孩子们独立自主，不再需要我。[3]

合作

合作意味着像"犯罪伙伴"一样与孩子们一起工作。埃丝特就是这样管理她的课堂的。她不对学生说教，而是让他们参与讨论和决策，甚至制定纪律。但学校领导不喜欢这种模式。她分享了一个极端的例子，当然，我并不推荐大家使用：

> 叛逆的我想出了一个不同寻常的主意。我告诉学生们我的遭遇，下次校长来评估我时，他们必须保持安

> 静，否则我就会被开除。我真的是这样告诉他们的。
> 我相信他们……而且我也不会有什么损失。[4]

她的想法奏效了！平日里，教室里热闹非凡，但当校长走进教室时，孩子们都不再说话，静静地坐着，而埃丝特开始训话。全班同学都因为表现良好得到了很高的分数，埃丝特也保住了自己的工作。

善良

善良意味着在生活中要懂得关怀、温暖和同情他人。埃丝特认为，这是最重要的育儿原则。无论是信任孩子、尊重孩子，还是教孩子独立、学会合作，最终都是为了让孩子为这个世界增添更多的善意。

善良地成长需要两样东西：榜样和实践。埃丝特用自己的行动、阅读的书籍和推荐的节目教育女儿们。她要求女儿们经常伸出援手、进行眼神交流、面带微笑、主动问好……这些小事产生了巨大的影响。

埃丝特指出，具有讽刺意味的是，直升机式的父母往往会牺牲亲子关系，转而追求个人的成功。但善良是个人成功的关键。无论是斯坦福大学还是谷歌公司的招聘人员，都会寻找善待他人的应聘者。

埃丝特养育了三个才华横溢的女儿，但她们真正的成功并不在于她们的工作，而在于她们是独立的思考者，能够照顾好自己并善待他人。

任何父母都可以用 TRICK 这种方式来教育孩子。

《全脑教养法》

所有父母都会遇到孩子不听话的时候。也许他们拒绝穿鞋或上床睡觉。但只要采取正确的策略，你就能将这些挑战转化为与他们沟通感情、让他们得到成长的机会。

在《全脑教养法》一书中，西格尔博士和布赖森博士分享了凯蒂的故事。[5] 凯蒂以前很喜欢上学，但自从有一天在课堂上生病后，她开始每天早上和爸爸拼命对抗。一天早上，当爸爸把她送到学校时，她对爸爸大喊："如果你离开我，我会死的！"

包括凯蒂在内的所有孩子都还在学习如何协调思想和情感。他们的行为看起来像反抗，但实际上他们是在努力处理各种情况。只要掌握一点脑科学知识，我们就能更好地换位思考，引导孩子们正确对待困难。

人脑包括四个部分：

1. 左脑 = 逻辑。
2. 右脑 = 感情。
3. 上层脑 = 深思熟虑。
4. 下层脑 = 本能。

人脑的四个部分

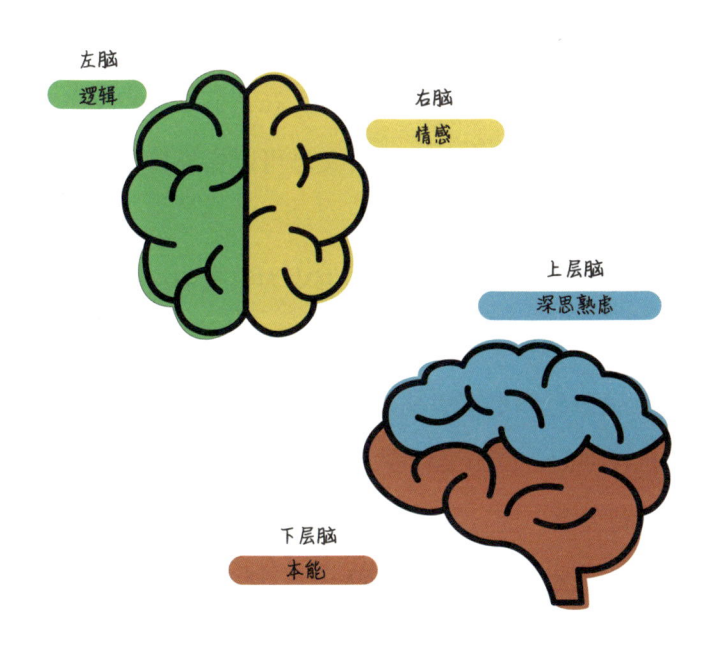

左脑 逻辑

右脑 情感

上层脑 深思熟虑

下层脑 本能

孩子的大脑还没有学会让这四个部分协同工作。而当孩子们的逻辑、情感、思想和本能没有融为一体时,他们很难处理好困难。

这就好比看一个十几岁的男孩在身高猛长之后踢足球。他的左腿不知道右腿在做什么,这不可避免地会导致一些尴尬的跌倒。

比如凯蒂,她在努力平衡右脑情感和左脑逻辑。还有格兰特,一个 4 岁的孩子,因为妹妹弄丢了他最喜欢的石头而想打她。他努力在下层脑的本能和上层脑的深思熟虑之间取得平衡。值得庆幸的是,父母有机会帮助孩子成长。

我们的大脑具有惊人的可塑性。在我们经历和反思的过程中,大脑会重新连接。这意味着父母可以指导孩子,帮助他们构建大脑,发展健康的心理。

西格尔博士和布赖森博士在书中为家长们提供了一系列有益的见解。

首先,修复关系并重新引导。通常,孩子们会被情感冲昏头脑。也许他们会说出这样令人困惑的话:"妈妈,你从来不在半夜给我留便条,而且我讨厌写作业!"当孩子们做出不合理的断言时,父母很容易用命令来回应:

"别胡闹。你下床干什么?马上回房间去!"

这种反应针对的是他们的左脑逻辑,但这正是他们还不擅长使用的!与其提出要求,不如联系他们的右脑情感,用左脑逻辑重新引导:

"你希望我今晚给你留个便条吗?关于家庭作业,我有一些想法，但现在已经很晚了，我们明天再谈吧。"

这种回答向他们展示了对其强烈情绪的接纳，并使其具有合理性，同时也树立了一个正面的榜样，告诉他们应该如何使用自己的逻辑思维，做出明智的决定。

最重要的是，这样做可以将挫败感转化成沟通的机会。

其次，说出情绪，驯服情绪。当孩子们被情绪冲昏头脑时，我们通常都想一走了之。但这样做只会让他们的深层感受变得更加强烈，导致他们日后再次爆发。我们应该鼓励孩子们把自己的情绪喊出来。

西格尔和布赖森分享了一个名叫贝拉的 9 岁女孩在看到一次马桶溢水后无论如何都不想冲马桶的故事。为了帮助她克服恐惧，她的爸爸让她坐下来描述这个过程。她讲述了所有细节，很快她的恐惧就消失了。贝拉的爸爸帮助她激活了左脑逻辑。在对话中，她了解了事情的来龙去脉，用理智驯服了焦虑。

这也使得她的两侧大脑有机会进行合作练习。

接着，参与，但不要激怒。当孩子们没有得到他们想要的东西时，他们的下层脑往往会控制局面，引发强烈的直觉反应。比如，你没有给孩子买他们想要的项链，他们可能会大喊："我恨你，妈妈！"我们的本能就是用自己的下层脑反应来回应他们：

"这样说话是不对的。我不希望你再说这种话！"

然而，孩子们的下层脑无法深思熟虑地处理你的指责。你可以尝试让他们的上层脑参与进来：

> 当他们说："我恨你！"
> 你可以说："哇，你真的很生气。是因为我没有给你买那条项链吗？"
> 如果他们说："是的，你真坏！"
> 你可以说："那条项链不卖了。如果你想继续生气也没关系，但如果你愿意，我们可以想别的办法，解决问题。"

然后，不用则废。孩子们需要他们的下层脑和上层脑共同茁壮成长。但在他们小的时候，上层脑需要额外的帮助。如果他们很少练习深思熟虑，就会过于依赖自己的直觉，难以充分发挥思考的潜能。正如西格尔和布赖森所说：

> 上层脑就像一块肌肉：当它被使用时，它就会得到发展，表现得更好。而当它被忽视时，它就无法得到最好的发展，从而失去部分力量和功能。

换句话说，我们需要让孩子们自己做决定。他们需要有机会权衡不同的选择，考虑替代方案，并思考选择的结果。这种练习对他们大脑的发展和成熟至关重要。

最后，要么运动，要么迷失。 我们往往认为大脑和身体是两回事。但实际上，它们是紧密相连的。因此，当孩子们在努力保持心理平衡时，体育锻炼对他们大有裨益。

一位母亲讲述了她的儿子在家庭作业中挣扎的故事。当她走进他的房间时，他正在懒人沙发上蜷缩成一团。她鼓励他坐下来重新做作业，但没有用。突然，他飞快地跑出家门，跑了好几个街区。他回来后就安静下来，吃了点零食，然后平静地和妈妈一起完成了作业。

当我们的孩子（或我们自己）遇到困难时，一点运动就能起到很大的作用。

举上面的例子并不是为了说明，孩子们大脑的某些部分是坏的，而另一些部分是好的。要过上充实的生活，我们需要完整的四个部分：情感、本能、逻辑和深思熟虑。关键是要帮助孩子们整合这四个部分，从而开发出平衡、健康的大脑。

通过西格尔和布赖森的见解，我们可以更深入地了解我们的孩子。我们既可以与孩子一起度过最艰难的时刻，也可以引导深刻的对话，帮助他们成长。

《强势谈判》

不是只有商业交易或人质事件才需要谈判。归根结底，谈判是一种与人打交道的技巧。这意味着每个人都应该学习谈判技巧，尤其是与孩子打交道的人。

与孩子们打交道时，要帮助他们学会做出正确的决定。这也是一个好的谈判者致力于实现的目标。谈判高手会与人们合作，帮助他们更清晰地思考自己的选择。

我们在谈判中往往会犯两种错：

1. 我们认为谈判就是提出要求；
2. 我们认为谈判就是平衡妥协。

这两种误解会导致严重的问题。

首先，提出要求会导致孩子们叛逆或放弃。 换句话说，要求会让孩子们觉得你在剥夺他们的权利。他们要么会拒绝你，埋头做自己的事情，要么会直接离开。

其次，平衡妥协并不总是最好的结果。 比方说，一个十几岁的孩子想在周三通宵去夜店，你妥协之后，让他在朋友家玩到很晚。这样做是平衡的，但不是最好的。青少年需要休息，尤其是在周中的晚上。

优秀的谈判者会让对方感到自己是强大而自主的。他们用自己的批判性思维分析对方的决定，从而帮助他们做出最佳选择。具体要怎么做呢？

克里斯·沃斯在播客节目《知识项目》中与谢恩·帕里什讨论了如何做到这一点。[6]克里斯是美国联邦调查局前首席国际绑架谈判专家，也是《强势谈判》的作者。[7]他发现自己的谈判策略也同样适用于与孩子沟通。

让我们来看看克里斯的四种策略。

第一，有策略地使用你的声音。人天生就能感受到周围人的能量并被其影响和带动。因此，你可以通过说话的方式来塑造对话。

- 大部分时间使用积极、俏皮的声音。这会让孩子们感到舒适，受到鼓舞。
- 当他们感到焦虑或不安时，就用深夜主播那种缓慢、低沉、平静的声音。
- 如果不是在非常必要的时候，尽量不要使用独断的语气，因为这会引起对抗。

第二，重复孩子们的语言。帮助别人思考的最好方法就是促使他们反思自己所说的话。不要批评他们的错误观点。可以把他们最后一句话中的关键字词重复给他们听。下面是一个对话的示例：

> 青少年："我想和朋友们去闪亮俱乐部。"
> 你："和你的朋友们……"
> 青少年："是的，我努力了一个学期，我觉得我该休息一下了。"
> 你："休息？"
> 青少年："他们问过我几次，我已经回答我不用再学习了。"
> 你："不学习了……"

避免语气粗鲁或不赞同的态度。这样做的目的不是羞辱他们，也不是让他们觉得自己的思维过程不好，而是让他们继续说下去，从而慢慢看清自己的想法。这样，你就能帮助他们分析自己是否做出了正确的决定。

第三，给孩子们的情绪贴上标签。当人们感到自己被理解时，就会接受新的想法，这就是同理心的力量。我们经常会把谈话的重点放在自己身上，这是不对的。我们会说"天哪，我知道那是什么感觉"——我们在试图与他人建立联系，结果却让他们感到自己没有被倾听。

不要用嘴说你知道他们的感受，而是要表现出来。给你看到的情绪贴上标签，然后暂缓片刻，给对方一个机会解释他们的感受。

比如：

> 青少年："行吗，爸爸？闪亮俱乐部一定很好玩。"
> 你："听起来你想和朋友们一起去玩，犒劳一下自己。"
> 青少年："是的！今年我学了太多东西，都没时间和朋友们在一起，这是我们毕业前最后的机会了。"

给情绪贴标签会让你有机会验证你对孩子们的感受的猜测，也会让孩子们觉得你在倾听并认真考虑他们的情绪。这样做还有助于他们对自己的观点有更多的自我认知。

第四，提出开放式问题。最后一个策略是真诚地提出能引发孩子们思考的问题。例如，与其对"闪亮俱乐部"说"不"，不如这样问："怎么能让你在俱乐部待到那么晚呢？"以"怎么"开头，确保这是一个开放式问题，而并非是非问题。

你的目标是让他们参与进来，把他们吸引到解决问题的过程中来。你是在挑战他们，让他们负起责任，做出更好的选择。

以上这些策略将帮助你们在共同解决棘手问题的过程中建立牢固的关系，并且更有效地创造出对所有人都有利的解决方案。同时，你也会为你的孩子树立一个榜样，让他们也能与他人很好地合作。

希望以上的想法和策略对你有所帮助。如果想深入了解，你可以读读这几本书。书中充满了引人入胜的故事、实用的技巧以及对于如何更有效地与孩子（还有成人）合作的深度思考。

后记

就像现在的很多事情一样，这一切都源于一条推特：

安娜·洛雷娜·法布雷加
@anafabrega11

我很困惑。

我们怎么会得出这样的结论：让孩子们为未来做好准备的最佳方式，就是把他们集中到一个环境中，按年龄、年级组织起来，强迫他们在同样的时间、同样的进度下学习同样的东西，每天7小时，每周5天，持续12年以上？

这到底是怎么回事？

2020年2月2日 20:01

3716次转发　540次引用　21500次点赞

那时候安娜只有100多名粉丝，我还没听说过她，但我立刻意识到，她将成为教育界一股不可忽视的力量。

当时，我正萌生与朋友乔舒亚·达恩创办一家教育公司的想法。他是另一位世界级的教师，曾与埃隆·马斯克共同创办 Ad Astra 学校。于是，我联系了安娜，想听听她的意见。

我们通过视频聊天建立了联系。她很有魅力，而且善于表达（尽管英语是她的第三语言）。每个人对教育都有自己的看法，但安娜的发言既有资深从业者的权威性，又有新手般的好奇心。

当乔舒亚和我决定启动"综合课"项目时，安娜已经（如我所预料的那样）在推特上掀起了一场教育新见解的风暴。她作为观察员参加了"综合课"的第一次会议，写文章给她的两万多名粉丝介绍我们的项目，几个月后又加入了我们，成为我们的首席推广官。

我们对她的期望很简单：继续做安娜。继续做一个贪婪的学习机器。继续与成百上千的孩子和家长交流。最重要的是，继续与这个世界分享她的见解。

我们意识到，安娜传递的信息越多，我们就越有机会解决人类最关键的问题。

为什么？

因为安娜提供了一个全新的视角：如今，教育我们孩子的体系已经崩溃。我们认为这是一个像文明一样值得重视的问题。

后记

我们的教育体系未能充分利用我们所拥有的前所未有的工具（主要是计算机）来确保我们培养出的下一代人成为坚定的问题解决者。传统的学校教育是为上一个时代而建立的，那是一个流水线和大规模灌输的时代，已经不再适合当下。令人尴尬的是，在 2023 年，我们仍然要求孩子们在线框内涂色，听从指令，不要质疑。

人才是我们最稀缺的资源，也是文明进步的瓶颈。纠正我们教育人类后代的方式必须成为我们的首要任务。虽然今天不是每个人都能认识到这一点，但我很高兴有像安娜这样的传播者出现。

她的第一本书让我们对于改变陈旧的教育结构产生了一丝乐观。我笑着读完了这本书。我一直告诉自己，我们还有很多工作要做，但我相信我们正在朝着正确的方向前进。

希望你和我一样喜欢阅读这本书。

克里斯曼·弗兰克

（Chrisman Frank）

致谢

我要感谢很多人为这本书所做的贡献。我的父母,感谢你们培养了我对学习的热爱。哈里曼出版社(The Harriman House)团队,感谢你们给我机会,让我梦想成真。戴维·佩雷尔,感谢你激励我写作并支持我的工作。克里斯曼·弗兰克,感谢你一路上对我的信任和鼓励。贾尼斯·奥索林斯,感谢你为我绘制了恰到好处的插图。詹姆斯·贝尔德(James Baird),感谢你负责这本书的出版。西尔维娅·斯科德罗(Sylvia Scodro)和波利娜·庞普利亚诺,感谢你们的宝贵贡献和反馈。最重要的是,感谢我的丈夫费尔南多(Fernando),是你用智慧润色和提升了我的作品,是你的信念给了我希望,让我相信我一定会成为最好的自己。

注释

第一章　学校里的七堂危险课

1. John Taylor Gatto, "I Quit, I Think," *The Wall Street Journal* (July 25, 1991).
2. John Taylor Gatto, *Dumbing Us Down* (Vancouver: New Society Publishers, 1992).
3. Gatto, *Dumbing Us Down*, 1.
4. Gatto, *Dumbing Us Down*, 3-4.
5. Gatto, *Dumbing Us Down*, 5.
6. "Multitasking: Switching Costs," American Psychological Association (March 20, 2006).
7. Gatto, *Dumbing Us Down*, 6.
8. Gatto, *Dumbing Us Down*, 7.
9. Gatto, *Dumbing Us Down*, 8-9.
10. Gatto, *Dumbing Us Down*, 9.

第二章　我们是如何走到这一步的？

1. James Van Horn Melton, *Absolutism and the Eighteenth-Century Origins of Compulsory Schooling in Prussia and Austria* (New York: Cambridge University Press, 2003).
2. Johann Gottlieb Fichte, *Addresses to the German Nation* (Chicago: The Open Court Publishing Company, 1922), 21.
3. Ellwood Patterson Cubberley, *The History of Education: Educational Practice and Progress Considered as a Phase of the Development and Spread of Western Civilization* (New York: Houghton Mifflin, 1920).
4. Max Roser and Esteban Ortiz-Ospina, "Literacy," Our World in Data (September 20, 2018).

5 Arthur Herman, *Freedom's Forge: How American Business Produced Victory in World War II* (New York: Random House, 2012).

6 This trend originated in the early 20th century, but flowered into full bloom after World War II. See John Taylor Gatto, *The Underground History of American Education* (2000), 204–230.

7 Sharon L. Nichols and David C. Berliner, *Collateral Damage: How High-Stakes Testing Corrupts America's Schools* (Cambridge, MA: Harvard Education Press, 2007).

8 "NAEP Long-Term Trend Assessment Results: Reading and Mathematics," National Center for Education Statistics, 2022.

9 Robert Gordon, *The Rise and Fall of American Growth* (Princeton: Princeton University Press, 2016); Tyler Cowen, *The Great Stagnation* (New York: Dutton, 2011).

10 Jonathan Rothwell, "Assessing the Economic Gains of Eradicating Illiteracy Nationally and Regionally in the United States," Barbara Bush Foundation for Family Literacy (September 8, 2020).

11 Jeffrey M. Jones, "Confidence in U.S. Institutions Down; Average at New Low," gallup.com (July 5, 2022).

12 For more on Lego's business strategy, see Jan W. Rivkin, Stefan Thomke, and Daniela Beyersdorfer, "Lego," Harvard Business School Case 613-004 (July 2012).

13 "Lego: Latest Usage and Revenue Statistics," lightailing.com (May 16, 2022).

14 Page Moreau and Marit Gundersen Engeset, "The Downstream Consequences of Problem-Solving Mindsets: How Playing with Lego Influences Creativity," *Journal of Marketing Research* 53, no 1 (2016): 18–30.

15 Derek Cabrera, "How Thinking Works," TEDxWilliamsport, youtube.com (December 6, 2011).

16 Seth Godin, "Stop Stealing Dreams," TEDxYouth, youtube.com (October 16, 2012).

第三章 考试和奖励无法激励孩子

1 Alan Blinder, "Atlanta Educators Convicted in School Cheating Scandal," *The New York Times* (April 1, 2015).

2 For a modern example of the research, see Nathan Kuncel and Sarah Hezlett, "Standardized Tests Predict Graduate Students' Success," *Science* 315, no. 5815 (February 23, 2007): 1080–1081.

3 See Sharon L. Nichols and David C. Berliner, *Collateral Damage: How High-Stakes Testing Corrupts America's Schools* (Boston: Harvard Education Press, 2007), chapter 1.

4　See Nichols and Berliner, *Collateral Damage*, chapter 7.
5　Nathaniel von der Embse, Dane Jester, Devlina Roy, and James Post, "Test Anxiety Effects, Predictors, and Correlates: A 30-Year Meta-Analytic Review," *Journal of Affective Disorders* 227 (2018): 483–493.
6　See Nichols and Berliner, *Collateral Damage*, chapters 2–3.
7　Zubair Ahmed Khan to parents of students at International Indian School - Dammam (January 15, 2020).
8　Daniel Pink, "The Puzzle of Motivation," TED Talk, ted.com (July 2009).
9　Polina Pompliano, "The Profile Dossier: Esther Wojcicki, the Educator Who Raised Entrepreneurial Children," theprofile.substack.com (May 19, 2021).

第四章　需要重新学习的五件事

1　Alvin Toffler, *Future Shock* (New York: Bantam, 1984), 414.
2　Anne-Laure Le Cunff, "The Forgetting Curve: The Science of How Fast We Forget," nesslabs.com (n.d.).

第六章　学会爱上学习

1　Paul Graham, "A Project of One's Own," paulgraham.com (June 2021).
2　Ibid.
3　Julie Sygiel, "How The Visionary Founder Behind Jeni's Splendid Churned Her Ice Cream Dreams Into Reality," *Forbes* (February 28, 2018).
4　Paul Graham, "How to Think for Yourself," paulgraham.com (November 2020).
5　Adam Grant, *Originals* (New York: Penguin, 2017), 4.
6　Ibid., 1–2.
7　Ibid.
8　Jordan Crook, "Warby Parker, Valued at $3 Billion, Raises $245 Million in Funding," techcrunch.com (August 27, 2020).
9　Warren Berger, *A More Beautiful Question* (London: Bloomsbury, 2014), 83.
10　Grant, *Originals*, 7.
11　Robert Sutton, *Weird Ideas That Work* (New York: Free Press, 2007), 25.

第七章　把学习变成乐趣

1. See Jean Clottes, *What Is Paleolithic Art?* (Chicago: University of Chicago, 2016).
2. Personal correspondence.
3. Shane Parrish, "Predicting the Future with Bayes' Theorem," fs.blog (n.d.).

第八章　合理地使用记忆

1. Joshua Foer, *Moonwalking with Einstein* (New York: Penguin, 2011).
2. Ibid.

第九章　打破学习方式的神话

1. Shaylene Nancekivell, Priti Shah, and Susan Gelman, "Maybe They're Born With It, or Maybe It's Experience: Toward a Deeper Understanding of the Learning Style Myth," *Journal of Educational Psychology* 112, no. 2 (Feburary 2020): 221-235.
2. VARK stands for visual, aural, read/write, and kinesthetic. Learn more at vark-learn.com.
3. See Nancekivell, Shah, and Gelman, "Maybe They're Born With It, or Maybe It's Experience."
4. See, e.g., James Clark and Allan Paivio, "Dual Coding Theory and Education," *Educational Psychology Review* 3, no. 3 (1991): 149-210; Frank Coffield, David Moseley, Elaine Hall, and Kathryn Ecclestone, *Learning Styles and Pedagogy in Post-16 Learning* (London: Learning and Skills Research Center, 2004).
5. Polly Husmann and Valerie Dean O'Loughlin, "Another Nail in the Coffin for Learning Styles?" *Anatomical Science Education* 12, no. 1 (2018): 6-19.
6. Carol Dweck, *Mindset* (New York: Ballantine, 2007).

第十章　用困惑点亮好奇心

1. Sidney D'Mello and Art Graesser, "Dynamics of Affective States during Complex Learning," *Learning and Instruction* 22, no. 2 (April 2012): 145-157.
2. As quoted in "Confusion Can Be Beneficial for Learning," University of Notre Dame, ScienceDaily (June 20, 2012).
3. Barry Wadsworth, *Piaget's Theory of Cognitive and Affective Development* (5th ed.; London: Pearson, 2003).

4 Peter Holley, "Elon Musk Created a Secretive 'Laboratory School' for Brilliant Kids Who Love Flamethrowers," Washington Post (June 27, 2018).

第十一章　根据游戏原则设计学习体验

1 As quoted in George Kalmpourtzis, *Educational Game Design Fundamentals* (London: Taylor & Francis, 2018), 68.
2 Jane McGonigal, "How Games Make Life Better," Invest Like the Best podcast (July 2019).
3 Jane McGonigal, *Reality Is Broken* (New York: Penguin, 2011), 25.
4 Clay Risen, "Mihaly Csikszentmihalyi, the Father of 'Flow,' Dies at 87," *The New York Times* (October 28, 2021).
5 Suzanne Prescott and Mihály Csíkszentmihályi, "Environmental Effects on Cognitive and Affective States: The Experiential Time Sampling Approach," Social Behavior and Personality 9, no. 1 (1981): 23-32.
6 For more on flow, see Mihály Csíkszentmihályi, *Flow* (New York: HarperCollins, 2008).
7 See ibid., chapter 4.
8 James Vincent, "Amazon Turns Warehouse Tasks into Video Games to Make Work 'Fun,'" The Verge (May 22, 2019).
9 See Margaret Robertson, "Can't Play, Won't Play," Kotaku (November 10, 2010); and Elisa Mekler, "Do Points, Levels and Leaderboards Harm Intrinsic Motivation?" University of Waterloo Stratford School, youtube.com (January 29, 2014).
10 McGonigal, "How Games Make Life Better."
11 Ibid.
12 Ibid.
13 Ibid.
14 For more on flow, see Csíkszentmihályi, *Flow*.
15 Mark Rober, "Tricking Your Brain into Learning More," TEDxPenn, youtube.com (May 31, 2018).
16 Ibid.
17 Alison Millington, "J. K. Rowling's pitch for 'Harry Potter' was rejected 12 times—read the now-famous letter here," *Insider* (July 31, 2018).
18 Madison Malone-Kircher, "James Dyson on 5,126 Vacuums That Didn't Work—and the One That Finally Did," *New York Magazine* (November 22, 2016).
19 Katie Gilsenan, "The Next Gen: Getting to Know Kids' Relationship with Video Games," gwi.com (July 27, 2021).

第十二章　健康游戏心理学

1. "Generation M2: Media in the Lives of 8- to 18-Year-Olds," Kaiser Family Foundation (January 2010).
2. Richard Ryan and Edward Deci, "Self-Determination Theory and the Facilitation of Intrinsic Motivation, Social Development, and Well-Being," *American Psychologist* 55, no. 1 (2000): 68–78.
3. Nir Eyal, "Kids' Gaming Obsession Isn't Really About the Games," *Psychology Today* (August 19, 2018). See also Nir Eyal, *Indistractable* (Dallas, Texas: BenBella, 2019).
4. Robert Epstein, "The Myth of the Teen Brain," *Scientific American* (June 1, 2007).
5. Eyal, *Indistractable*, 197.
6. See, for example, Craig Anderson and Karen Dill, "Video Games and Aggressive Thoughts, Feelings, and Behavior in the Laboratory and in Life," *Journal of Personality and Social Psychology* 78, no. 4 (2000): 772–790.
7. Jane McGonigal, *SuperBetter* (New York: Penguin, 2016), 415–424.

第十三章　和孩子一起承担后果

1. Nassim Taleb, *Skin in the Game* (New York: Random House, 2018).
2. Ibid., 30.
3. See Josh's Twitter thread on his journey toward designing the Synthesis simulations, published on September 7, 2021: https://twitter.com/josh_dahn/status/1435240843389046784

第十四章　培养孩子的反脆弱能力

1. See Greg Lukianoff and Jonathan Heidt, *The Coddling of the American Mind* (Penguin Press, 2018).
2. Nassim Taleb, *Antifragile* (New York: Random House, 2012).

第十六章　知识的广度与深度

1. See David Epstein, *Range* (New York: Penguin, 2019), introduction.
2. See Ashley Fetters, "The Case Against Grit," *The Atlantic* (May 31, 2019).
3. Epstein, *Range*, 33.
4. Ibid., 198.

5　Eric Jorgenson, *The Almanack of Naval Ravikant* (n.p.: Magrathea Publishing, 2020), 41.
6　Ibid.

第十七章　失败与放弃的艺术

1　John Holt, *How Children Fail* (Lebanon, IN: Da Capo Lifelong, 1995).
2　Stuart Firestein, *Failure* (New York: Oxford University Press, 2015).
3　See Naval's tweet published on Janurary 23, 2020: https://twitter.com/naval/status/1220309894210846722
4　Firestein, *Failure*, 1.
5　See Martin Seligman, *Learned Optimism* (New York: Vintage, 2011).
6　See Martin Seligman, *The Optimistic Child* (New York: HarperOne, 2007).
7　Deepak Malhotra, "Tragedy & Genius," Speech to Graduating MBA Students, Harvard Business School, April 23, 2012.
8　Ibid.
9　It appears as if Kristin Levitan has since removed the blog post where she made this statement.
10　Michelle Obama, *Becoming* (New York: Penguin, 2018), xv.
11　"Futurework: Trends and Challenges for Work in the 21st Century," U.S. Department of Labor, September 1, 1999.
12　"Number of Jobs, Labor Market Experience, Marital Status, and Health: Results from a National Longitudinal Survey," Bureau of Labor Statistics, August 31, 2021.
13　Adam Grant, *Think Again* (New York: Penguin, 2021), 231.
14　Ibid., 232.

第十八章　父母的心理模型

1　Charles Duhigg, *Smarter Faster Better* (New York: Random House, 2016), 86-88.
2　As quoted in ibid., 86.
3　James Clear, "Mental Models: Learn How to Think Better and Gain a Mental Edge," jamesclear.com (n.d.).
4　Ibid.
5　Charlie Munger, "A Lesson on Elementary, Worldly Wisdom as It Relates to Investment Management and Business," USC Business School (May 5, 1994).

6. Ibid.
7. Abraham Maslow, *The Psychology of Science* (New York: HarperCollins, 1966).
8. Jonah Berger, *The Catalyst* (New York: Simon & Schuster, 2020).
9. Richard Thaler and Cass Sunstein, *Nudge: The Final Edition* (New York: Penguin, 2021).
10. Thomas Wedell-Wedellsborg, *What Your Problem?* (Boston: Harvard Business Review, 2020).
11. Andrew Wilkinson, "The Power of Anti-Goals," medium.com (July 6, 2017)..
12. See fs.blog
13. Gabriel Weinberg and Lauren McCann, *Super Thinking* (New York: Penguin, 2019).
14. See Atul Gawande, *The Checklist Manifesto* (New York: Metropolitan, 2009).

第十九章　给孩子的三种思维工具

1. Edward De Bono, *Teach Your Child How to Think* (New York: Penguin, 2017).
2. Ibid.
3. See Philip Tetlock and Dan Gardner, *Superforecasting* (New York: Penguin, 2015).
4. Annie Duke, *Thinking in Bets* (New York: Penguin, 2018).
5. Ibid., 7-10.
6. Ibid., 5-7.
7. Tetlock and Gardner, *Superforecasting*.
8. Leonard Mlodinow, *Elastic* (New York: Penguin, 2018).
9. See Robert Chialdini, *Influence* (New York: HarperCollins, 1984).
10. Mark Robert Anderson, "Twenty Years on from Deep Blue vs Kasparov: How a Chess Match Started the Big Data Revolution," *The Conversation* (n.d.).
11. Mlodinow, *Elastic*, 7-10.

教学资源

1. Taleb, *Antifragile*, 316-320.
2. See galileoxp.com
3. See forestschoolassociation.org

4　See synthesis.com
5　See arduino.cc
6　See brilliant.org, skillshare.com, and khanacademy.org
7　See montessori.org, waldorfeducation.org, and reggioalliance.org
8　See soraschools.com, tohigherground.com, and actonacademy.org
9　See prenda.com

图书推荐

1　Esther Wojcicki, *How To Raise Successful People* (New York: HarperCollins, 2019).
2　Ibid., 61-62.
3　Ibid., 120.
4　Ibid., 158.
5　Daniel Siegel and Tina Payne Bryson, *The Whole-Brain Child* (New York: Penguin, 2011).
6　Chris Voss, "The Art of Letting Other People Have Your Way," The Knowledge Project podcast (October 2019).
7　Chris Voss with Tahl Raz, *Never Split the Difference* (New York: HarperCollins, 2016).